Publisher ANDERSON CAVALCANTE
Editora SIMONE PAULINO
Editora assistente SHEYLA SMANIOTO
Projeto gráfico ESTÚDIO GRIFO
Assistentes de design LAIS IKOMA e STEPHANIE Y. SHU
Foto de capa TREND FOODS

Dados Internacionais de Catalogação na Publicação (CIP)
(Câmara Brasileira do Livro, SP, Brasil)

> Shiba, Robinson
> *Sonhos in box*: Robinson Shiba,
> 1ª ed., São Paulo: Buzz Editora, 2017.
> 208 pp.
>
> ISBN: 978-85-93156-26-7
>
> 1. Administração de negócios 2. Empresários – Histórias de vida 3. Empreendedores 4. Empreendedorismo 5. Experiências de vida 6. Marketing 7. Shiba, Robinson 8. Sucesso em negócios I. Título.
>
> 17-06467   CDD-658.421
>
> Índices para catálogo sistemático:
> 1. Empreendedorismo: Sucesso em negócios. Administração de empresas 658.421

Todos os direitos reservados à:
Buzz Editora Ltda.
Av. Paulista, 726 – mezanino
Cep: 01310-100 São Paulo, SP

[55 11] 4171-2317
[55 11] 4171-2318
contato@buzzeditora.com.br
www.buzzeditora.com.br

ROBINSON SHIBA

SONHOS IN BOX

**10
ACREDITAR**

**44
CRESCER**

**68
ENGAJAR**

**90
UNIR**

**108
DOER**

**124
EXPERIMENTAR**

**142
PERPETUAR**

**162
CONFIAR**

**182
CELEBRAR**

**194
SER**

INTRODUÇÃO

Eu estava na sala de reuniões, antes de começar uma semana decisiva, quando a Márcia, minha esposa, entrou pela porta. Sua expressão era séria e ela disse, com sua energia sempre vibrante, que a equipe precisava conversar comigo por alguns minutos.

O ar condicionado estava desligado, mas minha espinha gelou. Seria um problema? Observei-a, tentando decifrar o que não era dito, mas ela tinha uma aura de mistério.

Levantei e desci cada degrau das escadas, atrás dela, apreensivo, ouvindo seu salto bater com força no chão passo a passo.

Tinha passado a semana anterior fora da sede da empresa, numa convenção com todos os franqueados do China in Box, em Recife, e embora aparentemente tudo estivesse sob controle em nossa sede, em São Paulo, fiquei intrigado. Era raro que houvesse uma interferência numa segunda qualquer.

Por alguns segundos, senti um frio na barriga parecido com o do dia que tínhamos iniciado a operação, em nossa primeira loja, na Avenida Rouxinol, 1007. Lembrei-me da ansiedade que antecedera o primeiro telefonema depois de andar sete quilômetros fazendo entregas de folhetos na região de Moema, onde entregaríamos yakissoba dentro de uma caixinha. Pude ouvir até a voz rouca e pausada da senhora que fez o contato conosco. Estávamos em silêncio aguardando aquela ligação para dar andamento à primeira entrega de comida chinesa quando ela disparou: "Aí que vende box de banheiro chinês?". A minha sensação naquele instante era um misto de frustração e desespero, com a minha mente já trabalhando e pensando: "Se tudo der errado, vendo box para banheiro".

Mas as coisas tinham dado certo. Tão certo que a própria autora do telefonema se tornaria uma cliente fiel do macarrão que ela nunca tinha experimentado até aquele dia. Segundo ela, o sabor era melhor do que a comida que fazia aos domingos, quando reunia a família toda para almoçar em sua casa. E sua primeira experiência com a comida chinesa foi alavancada por um problema com o box da suíte de seu quarto. Buscando um box no modelo americano, ela percebeu que o China in Box poderia trazer algo diferenciado.

Curiosamente, tinha sido o modelo americano – não de box, mas de comida – que me inspirara a trazer para o Brasil a famosa comida em caixinha, uma facilidade nos Estados Unidos, que era comum em filmes de Hollywood.

Enquanto meu pensamento vagava, ouvi um estouro e acordei dos devaneios.

Estava na sede do China in Box, diante de toda minha equipe que, feliz, estourava um champanhe e trouxera balões para me surpreender e comemorar o sucesso de uma jornada.

A reunião tinha sido uma desculpa para fisgar um tubarão e levá-lo a uma grande surpresa.

Uma semana antes eu tinha estreado em um programa de televisão, no canal Sony, como um Shark Tank, e era reconhecido mundialmente pelo sucesso na minha rede de franquias. Celebrávamos a marca de 160 lojas espalhadas pelo Brasil, e estávamos consolidados como a maior rede do segmento de *delivery* de comida oriental da América Latina.

Como líder, minha missão nunca fora limitada a ganhar dinheiro, mas sim construir uma grande empresa na qual todos lucrassem de forma saudável. Sabia que os meus valores eram mais preciosos que a minha visão de negócio, e aquele transbordamento de alegria de toda a equipe coroava a minha percepção – estávamos todos conectados e alinhados com o mesmo propósito. E, acima de tudo, sempre mantendo uma atitude mental positiva.

Na cultura que desenvolvemos, todos tinham a oportunidade de saborear não só a comida, como as recompensas do sonho, o que os despertava para aquela paixão pelo trabalho.

Enquanto brindávamos e eu recebia os calorosos abraços de toda a equipe, fui relembrando toda a minha trajetória até chegar ali. E, antes que a emoção explodisse no peito, eu agradeci. Agradeci à equipe, que fazia parte daquele sonho. Agradeci a todos que tinham sonhado comigo e celebravam nossas conquistas ardentemente cultivadas com extrema disciplina. E agradeci intimamente a todos que tinham sido capazes de acreditar num japonês nascido em Maringá que tivera uma ideia fora da caixinha – colocar um macarrão dentro de um pequeno box.

Desde o primeiro momento, eu sabia que aquele negócio traria mais que um conceito inovador. Ele seria uma solução, uniria famílias. Eu acreditava vigorosamente que a paixão e o entusiasmo que cada colaborador dedicasse a ele seriam vitais para a perpetuação da empresa. E a prova de que todos estavam fervorosamente engajados estava ali. Vinte e cinco anos depois da primeira venda, revi cada centímetro de minha trajetória desde o dia que lavei o primeiro prato com restos de comida chinesa, ao lado de mexicanos, numa cozinha na Califórnia, para poder pagar um prato de comida no jantar e uma acomodação decente naquela noite.

Naquele dia, entre champanhe e balões, eu soube que estava na hora.

Naquele dia, eu subi para a minha sala, convicto, e decidi deixar um legado maior que as lojas, que faria com que as pessoas se lembrassem de mim no futuro distante – era hora de compartilhar a minha história de vida.

Naquele dia, entusiasmado com as conquistas e grato por tudo que havia alcançado, escrevi a primeira página do meu livro.

ACREDITAR

PENSANDO FORA DA CAIXA

Uma das primeiras lembranças que tenho na vida é de meu pai. Ele estava com uma camisa branca, expressão séria, despedindo-se de nós para seguir rumo ao seu consultório de dentista. Lembro que eu o espiava pela janela até que chegasse ao ponto de ônibus.

Ainda morávamos em Maringá, era 1969. Enquanto ele aguardava o transporte público, eu ficava, no auge dos meus três anos de idade, imaginando sua rotina de trabalho.

Eu era apenas um espectador. E, mesmo acreditando que tínhamos uma vida pacata e satisfatória naquela casa, confiei nas palavras de meu pai quando ele comunicou a todos que partiríamos para São Paulo, onde passaríamos a viver na casa de meus avós.

O motivo era nobre. Meu avô, pai de minha mãe, tinha um galpão onde vendia materiais de construção, num bairro de periferia em São Paulo chamado Cidade Ademar. Atrás do estabelecimento, uma casa que nos abrigaria pelos dez anos seguintes, com um conforto que deixava a desejar, mas cuja simplicidade nos trazia paz. Essa era a magia intangível daquele lugar.

Na época, a mudança foi bem-vinda para toda a família. Na casa onde morávamos em nove pessoas, eu, meu pai, minha mãe e minha irmã, Helen, dormíamos no mesmo quarto. Era de lá que ouvíamos as conversas nos quartos vizinhos, eu e a Helen, minha irmã mais nova, espiando pelo buraco da fechadura, como se pudéssemos ter acesso a todos os segredos de família.

Acredito que aquele tenha sido o berço de muitos outros valores que se perpetuaram em mim desde então. Valores que assimilei conforme fui crescendo, por presenciar cenas cotidianas de honestidade, justiça e consideração com o próximo. Como toda família oriental, mantínhamos certas tradições. Num lugar onde tanta gente convivia diariamente, era vital que houvesse harmonia, e principalmente respeito. Mesmo assim, vez ou outra, os conflitos eram inevitáveis, já que cada um buscava sua privacidade, defendia seus interesses e, muitas vezes, eles eram divergentes entre si. Assim como todas as famílias que eu conhecia, tínhamos nossos momentos ruins.

Os temperamentos eram diferentes, as crianças tinham aquela perturbadora energia que os pais não conseguem conter, e meus pais tentavam driblar as desconfortáveis sensações que ficavam no ar quando minha mãe era enérgica demais conosco, ou quando ele cedia, depois de uma longa tentativa de convencê-la de algo. Desde pequeno eu tinha um incansável poder de persuasão que se fazia presente mesmo quando eu queria brincar de algo que não era permitido naquele momento.

Meu pai, nessa ocasião, era um grande conciliador e um homem exemplar. Por mais que eu ainda não entendesse absolutamente nada de negócios, podia enxergar no seu Jorge um brilho no olhar que o diferenciava das outras pessoas. Seu jeito pacato e sincero me fazia entender como ele conduzia as coisas. E, por isso, sempre que eu aprontava, ele continuava respirando na mesma frequência, sem deixar que a raiva se interpusesse em nosso caminho.

Ele tinha uma certa convicção apaixonada quando dizia: "Filho, acredito em você". Ele dizia essas palavras com um amor implícito, e elas estavam sempre carregadas de carinho no olhar. Eu tinha a certeza de seu amor, mas quando ele colocava as coisas sob a perspectiva de acreditar em mim, eu sentia como se não pudesse desapontá-lo.

E embora não entendesse direito o que aquela frase queria dizer, eu conseguia sentir um estímulo interno que me fazia maior, sempre que ele me dirigia a palavra. Era como se, intuitivamente, ele imputasse uma crença em meu sistema neurológico, que se fixasse, dia após dia, em meu DNA. O fato de o meu pai acreditar em mim me tornava maior. Era inegável a força que isso trazia às minhas ações – e eu o admirava, mesmo sem saber o quanto ele lutava pela nossa sobrevivência. Eu sabia que a comida não chegava na nossa mesa com um passe de mágica, mas nem supunha que tipo de desafios ele, meu avô e meus tios já haviam transposto para conseguir manter a loja onde se dedicavam incansavelmente noite e dia.

Foi ali, diante do olhar atento de meus pais e avós, que percebi que enquanto nossa casa era o primeiro lugar onde nos conectávamos e nos relacionávamos com outras pessoas, o ambiente de trabalho era o segundo. E naquele caso, o ambiente era quase uma extensão da casa – meu quintal, onde eu jogava bola, brincava e contava parafusos na tentativa de matar o tempo, era a loja de material de construção que ficava na frente da casa, dando vida aos sonhos de meu avô e de meu pai, que trabalhavam com extrema competência no negócio que sustentava toda nossa família.

E se hoje o China in Box traz a família para o balcão de uma loja, é porque, desde criança, eu sabia que a cozinha era capaz de manter a harmonia e de reunir uma família como nenhum outro lugar podia fazer.

A cozinha era o ponto de encontro da minha família. Era lá que minha avó, minha mãe e minhas tias nos faziam sentir mais vivos. Elas cozinhavam para todos, com uma delicadeza e uma agilidade que marcavam o ritmo da casa – que fornecia três refeições por dia para nove pessoas famintas. Aquele local era praticamente uma pousada, com refeições em horários determinados, e pessoas entrando e saindo, sem se darem conta do quanto as mulheres trabalhavam para manter a cama feita, a casa limpa e a comida na mesa.

Enquanto meu pai ajudava a descarregar os sacos de cimento, minha avó consultava seus livros de receita onde marcara todas as delícias que preparara na cozinha do bar, ao lado do meu avô, antes que decidissem abrir aquela loja. Ela sabia comandar uma cozinha como ninguém, e fazer comida para muita gente não parecia um desafio desagradável para ela, que sempre nos servia com um sorriso generoso no rosto, e vez ou outra, com a mão queimada por pegar uma assadeira qualquer que estava muito quente.

 Enquanto as crianças e os homens se esmeravam em atender os clientes da loja, elas faziam a magia acontecer e o nosso estômago roncar mais que o motor do caminhão que fazia entregas pela região.

 Era através do aroma que vinha daquela cozinha que eu sentia que estava na hora de correr para casa. Até mesmo os funcionários, que levavam suas marmitas, ficavam cheios de fome quando elas se punham a cozinhar. A vizinhança já sabia que naquela casa se fazia boa comida. O cheiro do tempero da minha avó era o grande responsável por isso.

 O cardápio era variado. Em alguns dias elas preparavam comida oriental. Em outros, uma linguiça trazida pelo meu tio lá do Sul. Nosso estoque era tão grande que vez ou outra eu entrava lá e ficava imaginando qual seria o grande trunfo do almoço no dia seguinte. Nos meus devaneios infantis, ela tinha segredos guardados às sete chaves dentro da despensa. A mesma despensa onde eu me escondia quando queria ficar sozinho – coisa difícil de acontecer numa casa cheia de gente.

 E na hora exata que nos sentávamos, esperando o momento sagrado da refeição, minha mãe me fuzilava com o olhar para que eu não me esquecesse de lavar as mãos. Seus olhares inquisidores eram famosos naquela casa. Nenhum de nós ficava imune a eles. Temíamos quando ela resolvia encarar alguém, porque todo mundo sabia que ninguém escapava ileso daquele olhar. Era como uma sentença, dizendo sem palavras o quanto ela estava contrariada. Ao mesmo tempo, meu pai conservava uma serenidade ímpar, mesmo quando estava diante das variações de humor de minha mãe, muitas vezes provocadas por nossos deslizes infantis.

 Até hoje me recordo do sorriso de meu pai, orgulhoso, quando me via tirando a camiseta ensopada de suor e correndo para o banho antes de me sentar à mesa. Ele jamais deixava de trazer à tona estas pequenas demonstrações de orgulho. E talvez eu ainda fosse pequeno demais para me dar conta disso, mas quanto mais ele demonstrava sua satisfação ao me ver fazendo alguma coisa positiva, maior era meu desejo de fazer algo positivo que despertasse nele aquela admiração.

Hoje sei que esse estímulo é até estudado por grandes psicólogos, que se esmeram em explicar para pais o quanto devem salientar os feitos dos filhos para que se acostumem com esse tipo de atenção. Mas, na época, eu tinha a impressão de que ele não lia nenhum livro de psicologia que lhe contasse a respeito. Pelo contrário – era uma satisfação que vinha de dentro do coração, sincera, de quem cresceu sendo alimentado por amor, vendo os irmãos colaborando uns com os outros, e a mãe contando suas grandes histórias de superação.

Era dessas pequenas sutilezas que nosso dia ficava preenchido. E elas eram grandes o suficiente para deixar marcas e lembranças na alma de todos.

Minha irmã era mais ágil e determinada. Depois de ajudar a colocar os talheres, posicionava-se diante do prato e se orgulhava de sua conduta. Quando todos finalmente sentavam e se serviam, um silêncio imperava na mesa, denunciando que a comida estava impecável.

Talvez tenha sido através desses momentos que desenvolvi um paladar apurado. A minha avó era uma cozinheira de mão-cheia, e tentar descrever o que viria para a mesa, antes mesmo de nos sentar, fazia com que ficássemos peritos em temperos e aromas.

Até hoje, quando faço um teste cego com comida chinesa, colocando inúmeros pratos com variados tipos de comida oriental diante de toda a equipe para que possam, através do paladar, identificar os pratos da nossa rede de franquias, percebo que aquela experiência me deixou excepcionalmente preparado para saborear comidas de todos os tipos com a intensidade de quem a experimenta pela primeira vez.

E, se consegui levantar um império de comida chinesa do zero, é porque, um dia, acreditei. E, se acreditei, é porque havia alguém que depositava toda sua confiança em mim. Alguém que estava disposto a declarar sua fé incondicional na minha jornada, que me inspirava a persistir, a fazer planos, a manter minha esperança e ousadia.

E esse alguém jamais tinha trabalhado dentro de uma cozinha.

Uns dizem que minha história como empreendedor dava um filme. Outros, um livro. Como eu sempre fui um cara que só lia gibis, acho que daria uma bela história em quadrinhos. E, se eu fosse desenhar essa história toda, do japonês que nasceu no Sul do Brasil e abriu um negócio de comida chinesa sem um *business plan*, começaria rascunhando os traços da fisionomia de meu pai, quando ele dizia: "Eu acredito em você".

Essa frase vinha nos momentos mais impróprios. Às vezes, enquanto eu jogava bola com os funcionários da loja, distraindo todo mundo e alterando o funcionamento das coisas, ele me chamava de canto, e dizia baixinho que eu podia jogar bola em outro horário, e que havia coisas a serem feitas naquele momento.

Quando ele me dizia isso, sempre finalizava com aquele mantra, que impregnava em mim como uma tatuagem – "eu acredito em você".

Não sei se ele tinha consciência do que fazia, mas funcionava.

De certa forma, eu me sentia mais responsável quando ele concluía essa frase. Ele inspirava as minhas ações, era como um instrutor, sempre me motivando, e aquele hábito era tão eficiente quanto uma vitamina mental. Meu pai era bem sucedido nesse jogo de me fazer acreditar em mim. Se ele acreditava, eu sentia que podia. E, para qualquer pessoa, independente do que ela faça, se ela acredita em si mesma, e se cerca de pessoas positivas que acreditam nela, é como se um grande portal da sorte se abrisse, trazendo resultados inesperados e potentes.

Aquilo podia ser cotidiano demais para ele, mas, para mim, era vital. Eu era decididamente feliz e sabia o quanto meu pai estava empenhado em dedicar seu tempo a reconhecer seus filhos. Esse reconhecimento genuíno era uma fórmula mágica determinante.

Até hoje, quando me vejo diante de um problema, uso a frase de meu pai, como uma bomba mental para atacá-lo. O "Eu acredito em você", é uma fórmula que me desafia a ser melhor, e o ponto de partida de todas as minhas realizações.

Estava marcada no meu inconsciente, que sabia quão poderoso era o fato de ter alguém tão próximo acreditando em mim. Quando não acreditamos sozinhos, nossa mente parece farejar oportunidades. Eu sabia que talvez não tivesse nascido para ser um campeão, mas tinha herdado genes poderosos que me davam habilidades únicas.

Mesmo que eu nunca tenha sido dado a pensamentos negativos que atravancassem a minha mente, quando eu sonhava com qualquer coisa que me fizesse pensar "será que sou capaz disso?", minha vontade consciente não ficava em conflito com a minha imaginação. Hoje percebo muitos empreendedores aprisionados por hábitos, crenças e preconceitos limitantes que os deixam estagnados, simplesmente porque não encontram, em suas mentes, espaço para sonhar.

Na época, eu sonhava ser jogador de futebol. E, por mais que aquilo pudesse parecer impensável, eu não era desmotivado pelos meus pais, e acreditava que, se seguisse carreira como jogador, seria o melhor jogador de todos os tempos.

Como todo garoto, ficava fascinado com a bola e podia pegar a madeira do galpão, fazer uma trave e começar um jogo a qualquer momento dentro daquele espaço. Foi nessa época que um cliente da loja, piloto de avião, nos convidou para uma viagem para Manaus e que eu mudei meu desejo. Entrei na cabine do avião, pela primeira vez, e me senti uma espécie de Deus, com superpoderes. Era ali, diante daqueles botões, que ele tinha o controle de tudo, e via o mundo lá embaixo em sua magnitude.

Como qualquer criança, eu sonhava com a vida nas alturas, e, sempre que observava um avião lá no céu, pensava em viajar novamente. Mas eu só tinha dez anos. E embora soubesse voar através dos meus sonhos, não podia tirar os pés do chão. Ser piloto de avião também entrou para os meus planos.

Quando estava prestes a terminar o terceiro colegial, vi aquele comercial, do primeiro sutiã. E aquele sutiã, e o comercial,

SE CONSEGUI LEVANTAR
UM IMPÉRIO DE COMIDA
CHINESA DO ZERO, É PORQUE,
UM DIA, ACREDITEI.

a gente nunca esquece. Foi ele que me fez desistir de ser publicitário. Mesmo que o sonho fosse alimentado pela minha criatividade de pensar em coisas tão diferentes entre si, eu entendi que a concorrência era grande o bastante e eu talvez precisasse entrar numa área na qual soubesse onde estava pisando. Então, pensei em Medicina ou Odontologia. Da Medicina logo desisti quando vi meu primo estudando sem parar, com livros empilhados numa mesa quase bamba. Como livros não eram minha grande paixão, pensei em algo mais fácil.

Foi assim que entrei na faculdade de Odontologia. E prestei vestibular, pronto para seguir a carreira de meu pai.

Só que eu não era exatamente um garoto que gostava de estudar. E isso ficou nítido quando mudei para Bragança Paulista, para começar a faculdade. Era lá que, pela primeira vez longe da família, eu saía para beber com os amigos quase todos os dias. Meu objetivo de vida era me divertir enquanto podia – e o mais intensamente possível. Na faculdade, mergulhei de cabeça naquilo que mais gostava de fazer – me relacionar com as pessoas.

E se isso trouxe alguma coisa boa, foram as amizades que cultivei e que carrego até hoje. Arrisco dizer que de Bragança saiu o maior número de dentistas que colocaram seus diplomas pendurados nas paredes das inúmeras franquias de China in Box pelo Brasil afora.

Nessa época, o Robinson era um jovem aventureiro. Um cara alternativo, que gostava de diversão, não tinha um excelente quociente intelectual, mas tinha um quociente emocional de dar inveja a qualquer um. Era eu o mediador de conflitos, o amigo mais influente das festas, aquele que todo mundo chamava para conversar, tomar uma cerveja ou simplesmente não fazer nada.

Mas era eu também que acabava me metendo nas piores enrascadas. Dos momentos memoráveis que passei em Bragança, um dos mais épicos foi quando fui acordado por um policial, numa manhã qualquer, porque estava dormindo no porta-malas de um carro. Tudo podia ser interpretado como uma grande ressaca, se não estivéssemos justamente na praça central de Bragança, onde as pessoas já circulavam com seus cachorros e crianças. Nesse dia me lembro de duas coisas – minha orelha ardendo de tantas broncas que minha mãe me deu, mesmo por telefone, perguntando sobre as notas da faculdade, e da célebre frase de meu pai, que arrematou a ligação com o seguinte recado: "Acredito em você!"

Nessa altura do campeonato o "acredito em você" já fazia parte de mim e saber que seu Jorge, meu pai, era alguém que depositava alguma fé e confiança em mim. Fazia-me esperar mais de mim mesmo. E, embora eu não tivesse a mais vaga ideia do que estava fazendo da minha vida, respondia a ele, como se para justificar o injustificável: "Pai, eu tô sabendo o que eu tô fazendo. Está tudo planejado na minha vida. Tenho um *business plan* ótimo".

Business plan.

Essa expressão não estava, definitivamente, em meu dicionário. Meu planejamento incluía apenas o tanto de cervejas que eu tomaria, e bares que frequentaríamos aos finais de semana. Ah, foi justamente nesta época que, para coroar minha entrada na vida noturna, passei a tocar com alguns amigos numa banda.

Eu já tinha nome e sobrenome dentro daquela boemia. E não queria planejar nada a longo prazo para não correr o risco de desperdiçar o agora.

Responsabilidade era uma palavra que ainda não fazia parte do meu vocabulário. Jovem, o que eu desejava era curtir a vida ao lado do meu grande amigo Marcelo Moraes, que cursava Odontologia comigo. E foi numa tarde qualquer, enquanto estávamos divagando sobre o futuro incerto que teríamos dali em diante, que ele fez a sugestão que mudaria o rumo da minha vida: "Vamos para os Estados Unidos".

Eu, até então, estava fazendo o possível para concluir a faculdade. Mas ele me desviava do percurso original com aquela ideia que ficava martelando na minha cabeça noite e dia sem parar. Não seria fácil convencer meu pai. Ninguém da família tinha saído do Brasil para estudar, só que o Morais vendia isso como sendo a grande oportunidade das nossas vidas de aprender inglês e ter uma vivência cultural antes que nos formássemos.

Segundo ele, depois que entrássemos no terceiro ano, não teríamos mais chances de tirar férias ou coisa do tipo. Embarquei naquela ideia, que começou a parecer atraente, e quando conversei com meu pai, ele pediu um tempo. Mas, logo em seguida, apostou em mim, com sua frase, que me colocava numa situação peculiar: "Filho, se você realmente quer ir, e acha que esse curso vai ser bom, eu acredito em você".

Mesmo com medo de desapontá-lo, afirmei com convicção que aquela viagem seria crucial para o rumo da minha vida. Talvez a força das palavras tenha sido tão grande que ela efetivamente me conduziu a uma outra direção. Assim, meu pai conseguiu juntar um dinheiro para realizar o meu sonho e ainda fez com que tivéssemos uma espécie de passe livre entre os estados para que pudéssemos viajar estudando em diversos lugares.

Até então, eu era um jovem aspirante a dentista, que fazia faculdade em Bragança Paulista, mas que tinha caído de paraquedas em Newark, onde desembarcamos achando que era Nova Iorque e, só depois de andar por algumas ruas estranhas, achando tudo muito feio, paramos para perguntar onde estava a Estátua da Liberdade.

"Estátua da Liberdade?", perguntávamos, até que alguém pudesse nos alertar que estávamos no lugar errado. Em outra cidade, inclusive.

Fomos para Nova Iorque e finalmente nos sentimos no lugar onde deveríamos estar. Era véspera de Ano Novo, estávamos loucos para ver os fogos de artifício, e a minha ansiedade se misturava à excitação de viajar para outro país pela primeira vez. Além disso, estar com o Morais era fantástico. Para aqueles dois jovens de dezenove anos que nunca tinham pisado fora do Brasil, tudo era absolutamente novo. E nem as experiências mais malucas em Bragança podiam se comparar às trapalhadas que faríamos na nossa estadia no exterior.

A primeira delas foi quando chegamos no albergue. Com um inglês capenga, eu e o Marcelo tentávamos nos comunicar com a recepcionista, que disse uma porção de coisas, terminando com a frase *"tax included"*. De tudo que ela tinha dito, aquilo soou como música para os nossos ouvidos. "Táxi incluso!", comemoramos: "É aqui que vamos ficar! Tem até *city tour*!". E lá fomos nós, esperar o tal do táxi, na porta do albergue, para dar uma volta pela cidade.

Claro que o táxi nunca apareceu, e só fomos entender que "*tax*" era "imposto", depois que reclamamos com a recepção, reivindicando o que achávamos que era nosso direito.

Foi naquele dia que percebemos que precisávamos mesmo estudar inglês, e que usaríamos a oportunidade para viajar por todos os estados daquele país. Então, quando seguimos viagem para Los Angeles, sabendo que passaríamos a noite no aeroporto, para economizar, tínhamos uma expectativa muito alta sobre Hollywood. Era lá que as coisas aconteciam, que a mágica do cinema se perpetuava. Era ali que viviam os artistas, as celebridades que víamos na televisão, e era naquele lugar que nasciam os filmes que explodiam mundo afora.

Por isso, enquanto estava andando no centro da cidade, munido de uma máquina fotográfica, com todo o dinheiro que tinha levado para a viagem numa pochete do lado de dentro da calça, a última coisa que eu pensava era que poderia ser assaltado. Tinha crescido na Cidade Ademar, nos fundos de uma loja de construção – e sabia o que era periferia. Nada me faria crer que eu pudesse correr risco algum enquanto fazia fotos daqueles caras enormes jogando basquete em Downtown.

Sentia-me num lugar seguro, num país de primeiro mundo, onde a vida acontece sem que as manchetes de jornal tenham sangue ou notícias ruins.

Estava praticamente pisando na calçada da fama. E ali, o maior risco que eu achava que poderia correr, era o de me apaixonar pelo estilo de vida daquele povo e nunca mais retornar ao Brasil.

Até que chegou um rapaz que era o dobro do meu tamanho e ficou perto o suficiente para me deixar apavorado. Sua voz baixa, dizendo que ia atirar em mim se eu não desse meu dinheiro me fez notar que o pouco que eu entendia de inglês não era suficiente para compreendê-lo. Claro que na hora eu não sabia que *"shoot you"* significava "atirar em você", portanto, no primeiro momento, fiquei com medo de que ele me desse um chute. Um chute dele já seria mortal.

Mas aí vi aquele revólver, silencioso e ameaçador, apontado para mim. E um revólver diz mais que mil palavras, em qualquer língua.

Fiquei sem fala. Foram alguns segundos de absoluta inércia, em que eu praticamente esqueci quem eu era.

Entreguei o dinheiro e, quando me vi livre daquela arma, entrei em pânico.

Ele tinha levado meus dólares. E não era um dinheiro qualquer – era o dinheiro que meu pai levara anos para guardar – um dinheiro suado, que eu valorizava mais do que minha própria vida. Era o dinheiro que provava que meu pai confiava em mim.

E eu tinha perdido tudo.

Na minha mente ecoava a voz de meu pai, dizendo "eu acredito em você", e a vontade de chorar, misturada à frustração, que era grande o suficiente para que eu me envergonhasse e não tivesse coragem de agir. Não conseguia ligar para ele. Fiquei ali, perplexo, imaginando o tanto que meu pai tinha trabalhado para juntar todo aquele montante de dinheiro na época. Lembrava dele fazendo cálculos, trocando dólares, me ensinando como proteger nosso tesouro dentro do bolso. E arrisco dizer que, naquele instante, houve um despertar.

A responsabilidade despertou em mim. Eu ainda era aquele jovem garoto que viajara para o exterior, mas não conseguiria ouvir de meu pai um engasgo qualquer através do telefone. Ele não merecia essa decepção. Seria demais para mim sentir que o tinha desapontado.

Ele acreditava em mim.

E, para uma pessoa que sabe que outra deposita toda sua fé nela, as perspectivas são diferentes. Eu me sentia na obrigação de conduzir a rota da minha vida a partir de então. Precisava fazer algo, resolver aquilo, e, de alguma forma, meu pai se orgulharia de mim. E embora eu soubesse que seu apoio era incondicional, e que ele certamente entenderia aquele inevitável acidente de percurso, fui taxativo quando liguei para ele. Eu não aceitaria que enviasse um único cent. Ia aprender a me virar naquele país, e me sustentar enquanto estivesse ali.

Por sorte, obra do acaso ou uma intensa vontade de fazer acontecer, não demorou para que eu conseguisse um emprego. Logo no terceiro restaurante que pisei, fui admitido como lavador de pratos.

Ser lavador de pratos nos Estados Unidos não é lá a coisa mais interessante a se fazer, mas aquilo rendia uns belos trocados, eu era pago por hora trabalhada, conseguia comprar comida, um lugar para dormir com conforto e me manter por ali por um tempo.

As cozinhas dos restaurantes em que eu trabalhava eram bem diferentes das que eu tinha visto até então. Em algumas delas eu imaginava que criatura em sã consciência comeria naquele local. E às vezes tinha tanta certeza que a comida era de má qualidade, que me recusava a comer o que quer que fosse feito ali dentro.

Os restos que ficavam nos pratos também me faziam ter uma impressão ainda pior. Mas eu levava os dias numa boa. Sabia que, quando voltasse ao Brasil, tiraria as sujeiras da boca das pessoas ao invés de lavar seus pratos, então, não via tanta desvantagem assim. Pelo menos eu podia conversar, e os mexicanos eram bons de papo.

Assim, fui levando a vida na Califórnia. Entre um bico e outro, surgiu a oportunidade de trabalhar na cozinha de um restaurante chinês. Enquanto estava de folga, assistia aos filmes que passavam na televisão e, certa tarde, depois de um dia exaustivo de trabalho, sentado no fundo da loja com os colegas de trabalho e com o Morais, tomando uma cerveja, tive a ideia.

E quem acha que uma ideia milionária surge assim, com harpas tocando, num *insight* poderoso depois de uma meditação, é porque assistiu a muito filme da Disney. Embora estivéssemos perto do mundo mágico onde os sonhos se tornavam realidade, nem imaginávamos que um dia aquilo seria tão palpável.

"Morais, você já percebeu que todo mundo come esse macarrão em caixinha nos filmes?"

Ele acenou com a cabeça e continuei: "Isso ia dar muito certo no Brasil. Uma comida na caixinha".

Nos entreolhamos, ele sorriu. O sorriso do Morais era certeiro. Ele sabia sorrir quando concordava com alguma coisa. E eu comecei a alimentar a certeza de que tinha tido uma boa ideia.

A VIDA NUMA CAIXINHA... DE SURPRESAS

A morte talvez seja um dos golpes mais duros do destino quando não a esperamos. E ela veio, violentamente, mostrar que eu não poderia controlar tudo que desejava em minha vida.

Eu acabara de voltar dos Estados Unidos, quando percebi que minha mãe não estava bem. Desde pequeno, meu papel naquela família parecia ser o de alegrar o ambiente. Alguns de certa forma cumprem esse papel sem perceber. Eu, desde sempre, sabia que minha presença nos ambientes podia fazer uma certa diferença. E, se eu sentia que podia fazer a diferença para melhor, sempre que entrava num lugar, tinha a intenção de transformar a emoção das pessoas que estivessem ali. Na época, ainda não tinha consciência de que aquilo era uma habilidade. Era absolutamente intuitivo. Quando passei a perceber o quanto era fácil fazer as pessoas se sentirem bem, e como eram sutis as mudanças que traziam essa transformação, comecei a interagir de uma outra maneira.

Com a família e os amigos, eu era uma espécie de coringa. Não que eu fosse especial ou coisa assim, mas tentava administrar conflitos e fazer com que as pessoas se sentissem bem, onde estivessem.

Talvez por estar sempre pensando que tudo ia dar certo, meu jeito extremamente otimista tenha me sabotado naquele momento. Talvez não. A verdade é que quando percebi que existia a remota possibilidade de perder uma das pessoas que mais amava, eu me blindei – e tentei fugir daquela realidade. Essa fuga se deu da maneira mais simples – voltei para a cidade onde morava para terminar a faculdade e ignorei os sinais que diziam que minha mãe estava doente.

Claro que eu tinha a esperança de que ela ficasse boa. Mas essa fragilidade, disfarçada de otimismo, era uma defesa para que eu não encarasse de frente os problemas. E isso acabou ficando evidente muitos anos depois, quando percebi que eu era um excelente negociador com as redes de franquia, mas não tinha a habilidade de lidar com os problemas gerados depois que as operações já estavam em andamento. Foi nesse instante que eu entendi o quanto a morte repentina da minha mãe tinha me afetado.

Assim que pisei no Brasil, contei a todos, cheio de entusiasmo, a ideia sobre a comida chinesa na caixinha. Meu pai embarcou no meu sonho e ouvia tudo que eu tinha a dizer com brilho nos olhos. Além de eu ter uma certa facilidade em engajar as pessoas naquilo que acreditava, meu pai tinha uma tendência natural em acreditar em tudo que eu fizesse, então, imediatamente ele me impulsionou. Talvez ele não soubesse, mas não existe força maior que a crença das pessoas em você. A família acreditar incondicionalmente na crença de seu filho não tem financiamento que suplante. E aquele primeiro impulso me fez multiplicar a crença de que ia dar certo. Era vital que todos comprassem a ideia para que eu fosse de peito aberto para a realização.

Meu pai era o exemplo clássico de uma pessoa com coragem. Mesmo com um nome dentro da colônia japonesa, tinha abandonado tudo no Sul do país para arriscar a vida na capital com duas crianças a tiracolo. Então, ele alimentava sonhos dentro da gente, e isso nos tornava mais poderosos. Pelo menos era como nos sentíamos.

Eu me lembro do sorriso da minha mãe, que aplaudia a ideia com o olhar. Seu interesse era genuíno, mas quantas coisas se passavam em sua mente naquele instante?

Um filho que cursava odontologia em outra cidade, viajara para outro país e voltara com uma ideia de um novo negócio. Mesmo que parecesse uma revolução muito grande, ela apoiava sempre que percebia que algo me faria voar mais alto. E meu pai, mesmo acreditando no meu projeto, decretou naquele instante: "Filho, você vai se formar. Tem que trabalhar"

Eu ouvi aquelas palavras, sabendo que tinha a responsabilidade de terminar a faculdade, mas estava motivado e cheio de ideias. Queria fazer aquilo acontecer e não ser apenas mais um sonhador.

Ele apostava que eu começaria a trabalhar assim que me formasse. Dizia que era normal que eu curtisse a faculdade, mas tinha a ideia de que eu criaria responsabilidade quando saísse com o diploma em mãos. Como conhecia o filho que tinha, não me obrigara a passar numa faculdade conceituada, e vivia dizendo que o que formava o ser humano não era a faculdade e que as pessoas se formavam na faculdade da vida. Ele dizia que tinha ouvido de um americano graúdo essas palavras. E que eu tinha um espírito bom e peito para enfrentar tudo.

Seu Jorge sempre se autodenominou um bom administrador. Dizia que não tinha o perfil de empreender porque não tinha grandes ideias. Então, com as minhas, ele ficava fascinado e achava que a minha vontade aliada às inspirações me fariam chegar muito longe. Suas palavras eram sempre com a intenção de me levantar. Ele dizia que eu tinha espírito de líder e, mesmo que eu não soubesse o que era aquilo, ele daria um exemplo de como eu engajava as pessoas, logo depois, numa situação inusitada.

Assim que voltei para Bragança, veio a notícia devastadora. Minha mãe morreu. E aquilo nos deixou desolados. Minha irmã entrou em colapso. Eu tentava me manter firme. Meu pai foi pego de surpresa. Os dias que se seguiram foram me ensinando a encontrar força dentro daquela nova configuração. Eu a via, ainda viva, mas em outra forma. Era evidente para mim que éramos feitos de energia, e que com a morte, aquela energia era dissipada, mas continuava entre nós.

Assim, passei a crer que ela tinha se tornando uma energia positiva que me impulsionaria a partir de então e, quando voltei para Bragança, a fim de terminar a faculdade de odontologia, percebi que os ciclos da vida podem nos trazer grandes surpresas.

Desse episódio, meu pai ficou com a lembrança de que nunca havia visto um enterro com tantos jovens. Uma verdadeira carreata vinda de Bragança estava lá para acompanhar o enterro.

Para meu pai, aquela era a prova do quanto eu era bem quisto por meus amigos. E quando o número de jovens ultrapassou o de parentes, ele comentou: "Que coisa impressionante filho, quantas pessoas vieram no enterro de sua mãe!"

Sua teoria era de que muitas pessoas tinham o poder de engajar os amigos em festas, mas poucos conseguiam levar uma multidão para um enterro.

Eu ainda não conseguia enxergar nenhuma parte boa dentro daquele contexto, mas aquilo, de certa forma, fazia-me sentir querido. E eu sabia que, dali em diante, precisava encontrar razões para existir. Porque a vida não dava brechas e a morte estava sempre esperando ali na esquina.

E, por ironia – ou não – do destino, a vida teve sua continuidade. E essa continuidade foi inusitada e particularmente generosa.

Minha namorada, Márcia, ficou grávida.

Um filho não estava no meu *business plan*. Nem no dela. Mesmo assim, quando liguei para o meu pai para dar a notícia, disse que estava tudo planejado na minha vida e que eu sabia o que estava fazendo. Celebrar a vida parecia mais atraente do que lidar com a sombra da morte. E aquela vida que se formava no ventre da Márcia não era mero acaso – era fruto do amor que existia entre nós e se materializava.

Quando conheci essa sensação, algo que eu jamais havia sentido brotou em mim. Uma intensa vontade de me realizar profissionalmente para que pudesse ser capaz de me responsabilizar pelo meu filho. A partir daquele momento, ele e a Márcia eram o que havia de mais valioso na minha vida. E eu assumia aquele compromisso com honra e dignidade.

"Pai, o menino nasce dia quatorze de dezembro e dia dezesseis é minha formatura. Está tudo certo!".

Por mais que muita gente encarasse a notícia de um filho com um certo pavor, eu não sofri nenhum tipo de pressão. Era agosto de 1989, quando nos casamos. Sem ter onde morar, mudamos para a casa dos pais dela e eu me empenhei em terminar a faculdade e começar a clinicar para conseguir pagar um lugar onde pudéssemos nos instalar.

Eu me sentia responsável e aquele imprevisto acelerou meu crescimento de uma maneira sem igual. Os tempos de boemia ficariam para trás e eu tinha a convicção de que estava recalculando a rota da vida.

O nascimento do Rafael trouxe uma nova dinâmica para nossas vidas. Era curioso perceber que eu seria pai de um menino, e a minha referência paterna era tão forte que eu só tinha uma única certeza, eu ia acreditar nele e dar todo o suporte para que ele crescesse com coragem. Nos meses seguintes, a ideia da loja de comida chinesa voltou a me perseguir. Mas cada vez que eu pensava nela, lembrava que havia responsabilidades imediatas.

Hoje, percebo como as coisas acabam surgindo em nossas vidas para nos desafiar. E entendo claramente que não existe hora certa de arriscar em algo que se acredita – condições favoráveis não existem, e se o autor da ideia não tiver um certo fanatismo em realizá-la, independent do panorama, da crise, dos acontecimentos que nos cercam o tempo todo, ela simplesmente não sai do papel.

Só que eu precisava de dinheiro. E clinicando como dentista era como eu podia pagar as contas – que só cresciam depois do nascimento do Rafael.

Acabei encontrando um excelente lugar para abrir uma clínica popular – e era uma fase relativamente boa para se fazer isso. Foi no Jardim Miriam que comecei a atender, em sociedade com meu amigo Gledson e, embora eu gostasse de ser dentista, às vezes sentia falta de conversar. Na minha profissão, na maioria das vezes, o cliente ficava quieto o tempo todo durante a consulta – e eu queria mais interação. Por outro lado, muitas vezes acabei tendo tanta emoção dentro daquele consultório, que me perguntava se estava no caminho certo.

Era um dia aparentemente pacato quando entrou um cidadão bem vestido e pediu para preencher uma ficha. Final de tarde, eu me preparava para encerrar o expediente, quando ele tirou um revólver do bolso da calça e colocou sobre o balcão.

Alguns *frames* da cena do dia que fora assaltado em Los Angeles me vieram à mente. Tentei disfarçar que minha mão tremia, enquanto dava a caneta para que ele preenchesse a ficha e desviei o olhar do dele, sem saber qual sua intenção naquele momento.

"Doutor, eu sou ladrão", ele disse.

Fiz sinal afirmativo com a cabeça, e ele continuou:

"Estou mandando minha esposa e minha filha aqui. Pode começar o tratamento que dia 5 venho pagar. Sou ladrão, mas vou pagar a conta e o senhor pode ficar tranquilo. Esse endereço que está na ficha é o meu".

Elas passaram pela triagem, fiz o orçamento e, semanalmente, vinham à consulta, como qualquer cliente, e no dia 5, conforme prometido, surgiu a figura daquele pai de família, com um envelope pardo e gordo cheio de dinheiro.

"Está aí. Vê se dá para pagar"

Peguei o envelope surpreso e disse que aquele dinheiro dava e sobrava, mas que ele podia parcelar. Mas ele estava decidido:

"Pega o quanto que saiu o tratamento da família. Vou pagar à vista".

Recolhi algumas cédulas de dinheiro e devolvi o envelope, enquanto ele dizia que se alguém fizesse algo para mim dentro da vila, iria se ver com ele.

Foi assim a minha "iniciação" naquela comunidade, que as pessoas prefeririam chamar de "vila". Era naquele bairro que eu jogava bola depois do expediente, e tinha um vínculo emocional e de confiança com as pessoas daquela região.

Até hoje carrego comigo a lembrança das tardes em que nos divertíamos e percebo como é vital que o trabalho seja também fonte de diversão. Quando me perguntam se eu não sofria clinicando, sou categórico em dizer que o dia em que eu sofresse, pararia. Não consigo ver sentido em um trabalho com sofrimento.

Quando o Rafael completou um ano, fomos para um outro apartamento onde eu já conseguia pagar condomínio. E, numa das visitas de meu pai, enquanto conversávamos sobre a vida, ele me alertou sobre algo que eu não tinha ponderado desde então:

"Ser dentista é bom, mas quando você sai de férias, não entra dinheiro. Você é o trabalho. Você gosta de jogar bola, por exemplo. Se machucar o braço vai ficar dois meses sem ganhar dinheiro".

Naquela tarde, a determinação de abrir um negócio próprio reacendeu dentro de mim. Teríamos um longo caminho pela frente, mas passamos a fomentar a ideia, já que meu pai continuava trabalhando com a loja de material de construção, e também tinha o anseio de ter um negócio próprio, já que no estabelecimento dos meus avós havia muitos sócios.

Começamos a conversar sobre as possibilidades. Eu não entendia muito de política e economia na época, mas mesmo o mais leigo dos cidadãos foi afetado pela notícia que pararia o Brasil naquele dia.

Era 16 de março de 1990, um feriado bancário, o presidente eleito Fernando Collor de Mello tinha acabado de anunciar um pacote radical de medidas econômicas incluindo o confisco de depósitos bancários e da poupança dos brasileiros. Onde quer que houvesse uma agência, já havia uma fila de clientes aguardando o fim do feriado para que pudesse sacar seu dinheiro. Mas a tragédia era ainda maior: os bancos não tinham dinheiro para cobrir os saques dos clientes e o tal do "Plano Collor" dizia que havia um limite para o saque. O restante ficaria "congelado". O governo tinha tomado tudo. O que tínhamos e o que não tínhamos.

Mas, se a poupança estava congelada, a ideia se mantinha bem viva dentro de mim. E, para uma ideia ganhar vida, bastava acreditar nela.

Pelo menos era isso que meu pai tinha me ensinado. E eu estava confiante de que era assim que ia acontecer.

ERA UMA VEZ UM BOX

Desde o dia em que tive a ideia da comida chinesa dentro da caixinha, ela me perseguia como quem dissesse: "Se você não me der vida, alguém vai dar". E eu tinha essa certeza. Sabia, no íntimo, que mais cedo ou mais tarde, alguém ia surgir com uma ideia igual e tirar do papel. Então eu tinha que ser rápido. Ou pelo menos, o primeiro.

Os filmes americanos mostravam cada vez mais aquela realidade – os policiais comiam macarrão quentinho sendo entregue num pequeno box. E eu percebia que no Brasil aquilo tinha tudo para dar certo. Na época só existia *delivery* de pizza – e, por mais que pizza seja gostoso, já estava na hora de se criar mais opções.

Ao mesmo tempo, eu percebia um movimento crescente de mulheres no mercado de trabalho – isso deixava claro que as pessoas estavam cada vez com menos tempo de fazer comida em casa. Minha mulher também acabara de se formar como administradora de empresas e trabalhava num grande banco, sentíamos na pele a dificuldade de gerir uma casa, fazer comida e ganhar dinheiro todos os dias.

Como dentista, minha vida prosperava – eu já tinha o Gledson como sócio em três clínicas – uma no Jardim Miriam, outra em Diadema e a terceira na estrada de M'Boi Mirim. As clínicas populares davam certo e continuávamos crescendo. Como éramos sócios, eu tinha um tempo disponível e, quando não estava atendendo, eu só pensava em comida.

As emoções me guiavam, mas meu estômago colaborava para isso – se eu queria abrir um negócio de comida chinesa, precisava conhecer esse produto. E para conhecê-lo, eu teria que degustá-lo, em todas as suas formas e variações. Se alguns falavam que a jornada do empreendedorismo não era para todos, e que se enfrentavam desafios todos os dias, naquele momento, enquanto fazia minha pesquisa de mercado, eu não pensava em desafio – na verdade, não parecia um sacrifício fazer aquela manobra no meu percurso diário para estar sempre diante de um bom prato de comida oriental.

Eu estava determinado.

Diariamente, enquanto as pessoas apertavam os cintos das finanças pessoais, eu afrouxava o meu, já que a missão exigia que eu me alimentasse no almoço e no jantar com tipos variados de yakissoba, frango xadrez e uma infinidade de variações.

Enquanto estava sentado numa cadeira qualquer de um restaurante comandado por um homem de olhos puxados, obser-

AOS POUCOS, PERCEBIA QUE AS EMPRESAS COM QUE SONHAMOS E CONSTRUÍMOS DO ZERO ACABAM SENDO UMA EXTENSÃO DE NÓS.

vava tudo. E via, principalmente, que a maioria das pessoas que comiam ali não eram orientais – o que fazia com que o público fosse ainda mais abrangente.

Comecei a perceber que, apesar do preconceito velado contra as cozinhas chinesas, ninguém pensava nisso ao entrar no restaurante. Mesmo assim, uma das minhas primeiras anotações em relação à higiene foi rigorosa – eu queria um restaurante que, mesmo sendo apenas para entrega, tivesse acesso irrestrito à cozinha. Isso, numa época em que ainda não existia o "visite nossa cozinha".

Minha ideia era fazer algo novo. Só que para fazer algo novo, eu precisava conhecer tudo que já existia no mercado. E, em pouco mais de um mês eu já tinha experimentado todos os yakissobas da cidade. Quando conto como começou essa jornada, não canso de repetir que não existe fórmula de sucesso onde existe preguiça. Muita gente se empenha em desenhar sonhos e planos de negócio que ficam só nos planos. E eu, sem um *business plan*, entrava em campo diariamente, simplesmente para observar aquele mercado que eu desconhecia, mas do qual queria fazer parte. Pode parecer fácil quando vemos uma trajetória completa, mas quando destrinchamos cada dia que fez parte da construção de uma história, percebemos que pequenos detalhes fazem a diferença na vida de um empreendedor.

Estar diariamente pensando em como fazer melhor, antes mesmo de começar, era caminhar, passo a passo, rumo à realização de um sonho. Eu já não o tinha só para mim. Todos estavam perfeitamente engajados naquela viagem sem volta e sedentos em começar a colocar aquilo em prática.

Era curioso perceber o funcionamento de um restaurante – e o que me deixava mais intrigado era que, na minha concepção, era óbvio que todos estariam lucrando com serviço de *delivery*. Mesmo assim, nenhum deles fazia entrega. De todas as hipóteses que martelavam em minha cabeça, a mais forte delas era que quando alguém pensasse naquilo que eu havia pensado, e realizasse, aquela pessoa ficaria rica.

Isso fazia com que a minha certeza fosse maior – eu acreditava 100% naquela ideia. Sabia que um *delivery* de comida chinesa ia arrebentar de vender num bairro onde houvesse muitos prédios. Eu queria que funcionasse de dia para quem estivesse no trabalho, e de noite para quem chegasse em casa e quisesse pedir algo para jantar. Por isso, precisava de um bairro residencial onde houvesse muitos prédios e empresas.

Quando efetivamente sentei com meu pai, convicto de que aquele projeto daria certo, ele se entregou de corpo e alma. Acreditava em mim mais que ninguém, e à medida que via meu entusiasmo ao falar das possibilidades que eu vislumbrava, literalmente comprou minha ideia.

Na prática, ele colocou seu apartamento para vender. Não tínhamos dinheiro, já que o plano Collor congelara tudo, e a inflação de 100% ao mês deixava os brasileiros absolutamente apavorados. Vivíamos uma crise sem precedentes.

E, na crise, eu poderia até vender comida, mas ninguém estava interessado em comprar imóvel. Enquanto o apartamento encalhava nas imobiliárias, comecei a visitar pontos estratégicos para alugar – e, se havia uma vantagem, a vantagem era essa: o preço do aluguel também colaborava para que começássemos o negócio. Quando conto essa história, muitos se apegam aos fatos negativos que impossibilitavam que fizéssemos uma ótima venda no apartamento, mas poucos refletem sobre a ótima oportunidade de encontrar um ponto com baixo investimento. Talvez essa perspectiva de observar o copo meio cheio também sempre fizesse parte da minha linha de raciocínio, que ajudava as coisas a se materializarem.

A definição do ponto foi estratégica – queríamos um lugar nos Jardins, mas o valor do aluguel era impraticável. Então Moema se mostrou uma boa opção. E quando surgiu a casa na Rua Rouxinol, 1007, bingo. Sabia que seria ali que daríamos vida ao novo empreendimento que ia revolucionar o mercado de *food service*.

Entre as grandes decisões a serem tomadas, o nome do empreendimento era uma delas. Eu me contorci na cadeira de alegria quando meu pai vibrou com a ideia "China in Box". Se teríamos comida chinesa dentro de uma caixinha, nada mais apropriado.

Aquele desafio seria enfrentado com vida nova, sangue novo, boas ideias e uma atividade que, embora desconhecêssemos, estudávamos e sabíamos que podíamos melhorar. A tendência natural das coisas apontava para um ciclo ascendente, mesmo que a economia e a política indicassem o contrário.

Embora eu não soubesse, o Robinson empreendedor já tinha nascido. Eu não era mais um simples sonhador que divagava sobre ideias depois de um gole de cerveja com os amigos. Eu era um curioso por natureza – fuçava e olhava tudo referente ao meu novo negócio e despertava a curiosidade de outras pessoas naquele projeto, transmitindo os valores da minha visão, o tempo todo, mesmo que ele ainda fosse embrionário.

Enquanto trazia meus familiares para o meu sonho, eu fazia com que eles acreditassem na minha visão – e, sem saber o que era "mentalidade vencedora", já que eu era um cara que lia muito pouco, já tinha um *mindset* voltado para o sucesso desde que enxergara a oportunidade.

Lera pouco ou quase nada a respeito de ter uma mente que pudesse gerar e emitir energia e ainda não tinha nenhum estudo sério sobre física quântica que comprovasse que a lei da atração existia ou funcionava. Mas eu tinha uma atitude mental positiva mesmo sem conhecer a psicologia do sucesso ou qualquer coisa positiva.

Hoje vejo que essa atitude, misturada com uma energia positiva, é uma mola propulsora de resultados fantásticos – e, mesmo que eu tenha adquirido como hábito e assimilado para a vida esse modo de enxergar as coisas, foi aplicando no dia a dia do trabalho que notei o quanto aquilo fazia uma diferença imensurável.

Eu sabia que o sucesso financeiro de algumas pessoas estava diretamente ligado à maneira como pensavam. E sabia que a mente era um talismã poderoso, mas, acima de tudo, pressentia que o otimismo, a esperança, a integridade, iniciativa, generosidade e bom senso eram práticas inconfundíveis, mais que princípios, eram fontes de prosperidade e felicidade.

Eu não sonhava acordado. Tinha uma ideia pré-concebida do que queria, mas agia freneticamente em busca da realização daquele sonho. Eu estava, dia após dia, implantando aquilo. Eu estava agindo. E enquanto muitos morriam na praia pensando em montar algo, eu pesquisava vorazmente e tinha muita certeza do que queria.

Muitos me chamavam de inconsequente. Na época, com a caótica situação financeira do país, quem observava o salto, imaginava que minha queda seria grande.

Na mesma época, como um sinal de que os ventos estavam soprando na direção certa, visitei uma praça de alimentação de um shopping e veio a confirmação: acabara de surgir uma loja de uma rede de *fast food* chinesa – e as filas confirmavam minha suspeita. Deu um estalo – se eu não fizesse o *delivery*, alguém o faria, mais cedo ou mais tarde. Percebia que não havia sequer uma pessoa que não gostasse daquele tipo de comida e entregar em casa de um jeito inédito seria a cereja do bolo.

Nesse processo, eu precisava entender o que era ser uma semente. Eu não sabia o que ia acontecer, embora tivesse toda a potencialidade de me tornar algo. E aquilo era uma jornada longa, que eu teria que estar disposto a enfrentar, sabendo que era mais seguro não embarcar, já que o percurso era desconhecido demais e não havia garantias de que aquilo daria certo. Mas, desde que voltara da viagem tinha lidado com imprevistos. E essa luta era constante – uma verdadeira batalha que eu viria a enfrentar rumo ao desconhecido. Para romper essa casca, eu precisava, acima de tudo, mais do que nunca, acreditar. Encontrar brechas entre aquele caminho, mesmo quando as situações parecessem desafiadoras. Porque sempre há uma escolha. Eu poderia me acomodar, colocando a culpa do meu fracasso na vida que estava extremamente dura, trazendo desafios cada vez maiores, mas eu os enfrentava e estava disposto a crescer.

Eu tinha que ser corajoso.

Então, encontramos o melhor restaurante de comida chinesa em que já havíamos comido naquela saga. Tínhamos que bolar uma estratégia para nos aproximarmos do cozinheiro. No primeiro dia atuamos na surdina – esperamos o restaurante fechar e o abordamos na saída. Ele ficou surpreso, mas lisonjeado. Seu nome era Geraldo.

"Estamos abrindo um *delivery* de comida chinesa", comecei, sem perceber que, em minhas palavras, já havia uma afirmação. Aquilo já estava acontecendo, mesmo que nada estivesse efetivamente pronto.

Estávamos trazendo vida e depositando toda nossa paixão no China in Box.

E se as palavras têm essa força toda, em paralelo surgiu um comprador interessado no apartamento que meu pai colocara à venda. Para nossa surpresa, ele oferecia um terço do valor, e a imobiliária dizia que se não fechássemos, as chances de vendermos para outro eram praticamente nulas.

Como precisávamos de dinheiro para começar o negócio, meu pai vendeu o imóvel. E logo pudemos alugar a casa na Rua Rouxinol, com custo viável dentro do nosso plano de negócios.

Aliás, nesse período eu já tinha um plano de negócios.

Quando percebi que a coisa estava realmente ganhando forma, vendi meu consultório dentário e resolvi investir 100% do meu tempo naquela empreitada. Estava disposto a fazer uma verdadeira revolução naquele mercado.

Aos poucos, percebia que as empresas com que sonhamos e construímos do zero acabam sendo uma extensão de nós – e parte da família. Eu e meu pai tínhamos total convicção de que colocaríamos nosso sangue ali, naquela loja.

Começamos a colocar no papel tudo que precisava ser desenvolvido e contamos com um *networking* fundamental. Todos os meus amigos colaboraram. Como eu não queria ter associação com nada que já existia, cheguei à conclusão, junto a um arquiteto amigo meu, que faríamos um logo a partir de figuras geométricas. Ele seria o responsável pela identidade da marca.

Entusiasmado, ele não só se envolveu no negócio, como criou o biscoitinho da sorte, fenômeno de sucesso que até hoje é o grande diferencial dos *deliverys* de comida chinesa. E, mesmo que ele não tenha me chamado para uma sociedade, acredito que quando o negócio é bom, ele contagia as pessoas na mesma energia – e quando todo mundo prospera, aí sim podemos falar em parceria de sucesso.

Com o China in Box, foi assim desde o primeiro dia. Nosso compromisso era fazer um ciclo virtuoso, onde todos pudessem prosperar – e, com essa proposta, convidei o Geraldo para ser nosso cozinheiro – sabendo que ele seria a espinha dorsal do negócio que estava prestes a ganhar vida em nossas mãos.

Já estávamos plenos de entusiasmo, acreditando que aquilo seria um verdadeiro fenômeno, quando recebi uma ligação desconcertante – o Marcelo Morais, amigo com quem eu tinha tido a ideia do negócio na Califórnia, fora vítima de um acidente fatal na Marginal Pinheiros, enquanto andava com sua bicicleta.

Tentei conectar os fatos, mas o baque era grande demais para ser digerido com facilidade. Vidas ceifadas dessa maneira me deixavam sem reação. Mas eu sabia que teria mais alguém olhando pela continuidade daquele projeto. Tinha a convicção de que a energia dele sempre estaria ali, se fazendo presente, colocando uma vibração ainda mais potente naquela ideia que nascera de uma conversa despretensiosa.

Conforme os dias se passavam, a construção do China in Box se tornava mais sólida – em todos os sentidos. A ideia era construir uma empresa duradoura e todos estavam engajados nisso. O Geraldo, que já vestira a camisa do China in Box me ensinava tudo sobre o ramo de alimentação. Cozinheiro experiente, ele me levava para o atacadão, apresentava os melhores fornecedores e, através do seu olhar, aprendi a comprar desde os sacos de sal até os quilos de carne. Do melhor fogão ao melhor macarrão. Isso me fazia ter uma certeza: se eu crescesse, o Geraldo cresceria comigo. Sabia intuitivamente que nenhuma empresa podia dar um bom retorno sem que todas as pessoas fossem tocadas pelos negócios. E o Geraldo era parte essencial daquilo tudo.

E foi me ajudando a construir meu sonho que meu pai se apaixonou. Desta vez, não pelo China in Box. Sozinho desde o falecimento da minha mãe, ele encontrou um novo motivo para sorrir, e a felicidade contagiante dele atraía mais uma componente para o time, que também estava a postos para nos ajudar com aquele pontapé inicial, tão ensaiado e esperado.

Até que, folheando uma revista Manchete enquanto acompanhava a obra, tive uma ideia que faria toda a diferença. Sem usar os termos "inovação" e "diferencial", tão difundidos no mercado hoje, pensei imediatamente: "E se fizermos cardápios coloridos, com fotos, e com esse papel que brilha?"

Pronto! Estávamos criando um *delivery* que fugia totalmente do comum. Ele tinha um novo conceito desde a sua concepção. Éramos arrojados, ousados, e talvez um pouco atrevidos para um mercado que nem sabíamos que poderia existir. Mas, se existisse, seríamos os pioneiros, e apostávamos todas as nossas fichas que o China in Box traria uma verdadeira revolução no setor alimentício.

A equipe estava cada vez mais motivada, produzindo num nível de performance que se equiparava a atletas em final de campeonato. Cada um atuava em sua posição como num verdadeiro time. E eu aprendia, pouco a pouco, a liderar esse time. Sabia me relacionar com pessoas, era observador, mediava conflitos e tinha capacidade de entender o que cada um tinha de expectativa. A tal da empatia, da qual todos falam muito, era natural em mim, e eu nem sabia, mas a criação naquela casa com quase dez pessoas convivendo diariamente entre brigas e reconciliações, além da convivência com os funcionários da loja de material de construção, tinham feito com que eu ganhasse uma habilidade ímpar em relacionamento.

Se tinha algo que eu gostava, era de pessoas. Conversar com pessoas, estar com elas. Essa aptidão que fez com que, um dia antes da nossa inauguração eu começasse a distribuir os panfletos e cardápios pela vizinhança de Moema. Andava por um raio de sete quilômetros do restaurante e deixava um maço de folhetos com cada porteiro, a quem oferecia vales yakissoba para que ajudassem na divulgação.

Então, em 8 de outubro de 1992, inauguramos a loja.

Todos estavam posicionados em seus postos aguardando a primeira ligação, e ao ouvir o primeiro toque do telefone, suspirei aliviado. Teríamos o primeiro pedido. Todos estavam em silêncio, ansiosos. Meu coração saltava como no dia que via o rosto do meu filho pela primeira vez.

"China in Box, boa tarde", falei pausadamente.

"Olá, é aí que vendem box chinês para banheiro?" Fez uma pausa antes de continuar: "O American box é caro e eu vi que vocês estão vendendo box chinês"

Antes de entrar em colapso, respirei, pensando: "Poxa, nada do plano funcionou. Foto de comida chinesa, cardápio, e agora as pessoas vão achar que vendo box para banheiro?"

"Minha senhora", respondi: "Vendo yakissoba"

Óbvio que ela também não sabia o que era aquilo. Comecei a explicar que se tratava de um macarrãozinho com uma carne e legumes e enviei um prato gratuitamente para ela experimentar. Afinal, era nossa primeira ligação.

Assim que desliguei o telefone, pensei em pesquisar box para banheiro. E se nada daquilo desse certo? E se fosse apenas um sonho, um devaneio? E se eu tivesse feito tudo errado?

Um sabotador se intrometeu na conversa – era o meu sabotador interno – e ele dizia que eu não sabia nada daquele ramo, que eu era dentista, que tinha me metido a fazer coisa que não sabia, e que inventava moda numa sociedade que sabia o que queria e o que não queria. E isso aconteceu em questão de segundos – é incrível a capacidade do nosso sabotador de inventar coisas contra nós próprios quando damos chance a eles. Ele dizia insistentemente que eu tinha jogado o dinheiro do meu pai no lixo, tirado o Geraldo da melhor cozinha chinesa de São Paulo para ficar na miséria e que poderia perder tudo.

Então eu olhei para cada uma daquelas pessoas que estavam ali. O olhar delas dizia tudo – elas acreditavam em mim. Elas só estavam ali porque tinham acreditado que aquilo ia dar certo. E se elas acreditavam com tanta garra, era porque eu as tinha convencido, não só através de argumentos, como de entusiasmo e brilho nos olhos, que o China in Box tinha vindo para ficar.

No dia seguinte, acordei cedo e passei a caminhar por todo o bairro entregando folhetos. No final do primeiro mês eu já tinha perdido dezenove quilos e já tínhamos cerca de vinte pedidos por dia. Estávamos no lucro.

Enquanto caminhava, pensava no meu pai dizendo "eu acredito em você" e, nos seis meses que se seguiram passamos a colher os frutos semeados pela nossa fé e coragem. Nosso telefone tocava com uma frequência considerável – tínhamos em média 65 pedidos por dia e saíamos pela primeira vez num jornal do bairro. Como não tínhamos dinheiro para propaganda, fizemos uma permuta com uma ex-paciente do meu pai, que era assessora de imprensa. As coisas iam se encaminhando e eu sentia que era só o começo.

Vez ou outra, sentava com o Geraldo no final do expediente e dizia a ele: "Já pensou quando a gente estiver com dez restaurantes? Vamos ficar bonitos!" E ele abria aquele sorriso largo, enquanto eu arrematava: "Raspa os pelos desse braço!", provocando-o por saber que ele jamais o faria. Paraibano, ele me olhava torto quando eu fazia essa brincadeira, que tinha um fundinho de verdade. Preocupado com a higiene do lugar, estávamos sempre alertas para o que poderíamos melhorar – e antes mesmo de virar moda que os clientes visitassem a cozinha de um estabelecimento, eu tinha a plaquinha pendurada ao lado da nossa, incentivando que as pessoas que passassem por ali, para levar comida para viagem, conhecessem nossa cozinha.

Como dizem que temos que passar pelo purgatório para chegar ao Paraíso, talvez os meses iniciais tenham sido essa transição. A segunda loja seria inaugurada justamente no Paraíso, um dos bairros mais movimentados da cidade. E quando abri a terceira, em sociedade com o Zé, um amigo de Bragança, já tinha certeza de que dali em diante só aceleraríamos. Não considerava brecar, parar ou desviar o percurso. Mantinha uma aceleração constante e percebia que todos que estavam engajados com o negócio estavam contagiados com a experiência de sucesso que vivenciávamos.

Nesse dia, que me dei conta de que já estava caminhando para outros desafios, percebi quantas coisas tinham se passado desde que eu tivera a ideia, nos fundos daquele restaurante onde eu lavava pratos, conversando com mexicanos num país estrangeiro. Os percalços haviam tentado me brecar – a economia não era favorável, eu enfrentara baques devastadores na vida pessoal, e surpresas que exigiam muito de mim. Ao mesmo tempo, sentia que, como empreendedor, precisava estar constantemente observando como estava minha energia, porque qualquer baixa me faria desistir, parar ou até mesmo afetar irremediavelmente o negócio em andamento.

Em dois anos eu já tinha seis lojas. Alguns clientes começaram a telefonar, perguntando sobre a possibilidade de ter uma loja também. A palavra que usavam era inédita no meu vocabulário – franquia.

Eu mal sabia o que era isso. Entendia de frango xadrez e yakissoba. Mas decidi que não custava nada me informar melhor. E, então, entendi que fazer comida era bem melhor que vender box de banheiro.

Pelo menos para mim.

CRESCER

A SORTE DENTRO DE UM BISCOITO

Em 2004, 15 pessoas do Nordeste acertaram os seis números do concurso 529 da Mega Sena. Eu não teria nada a ver com isso, se não fosse o fato de a Caixa Econômica Federal relacionar os dígitos sorteados com os números dos famosos biscoitos da sorte. Na época, as lotéricas criaram uma campanha com o biscoito para aumentar as apostas, mas ninguém sonhava que quem tinha apostado nessa ideia, dez anos antes, tinha sido eu.

A conversa tinha acontecido quase aos sussurros, após a entrega do logotipo da empresa. O Douglas Kitagawa, responsável pelo logo, teve uma brilhante ideia, como em um lampejo. Estávamos ainda com a primeira loja em obras quando ele disse:

"Seria muito legal se você desse um biscoitinho da sorte, igual aos que têm nos restaurantes chineses nos Estados Unidos".

Recostei sobre a cadeira e franzi a testa. Eu sabia que, quanto mais as pessoas se engajavam naquele sonho, mais as coisas iam acontecendo com rapidez e sincronicidade impressionantes. Ele tinha tido uma sacada valiosa, mas eu não fazia ideia de como materializar mais aquele sonho.

"Mas quem ia fazer?", perguntei, já tentando fazer conexões mentais de onde encontrar um fornecedor.

"Eu faço", ele disse, sem pestanejar.

O Douglas não tinha o perfil de um empreendedor arrojado. Mas ele era um exímio profissional, que se dedicava com delicadeza e disciplina ao que estivesse ao seu alcance. Por isso, apostei naquela ideia. Sabia que sua facilidade em executar projetos seria suficiente para que a ideia saísse do papel.

Como um bom oriental, ele tinha uma facilidade incrível para dar vida a coisas complexas – e desta forma desenvolveu uma técnica totalmente manual. Pegava uma bolacha japonesa chamada Sembei, borrifava água e a deixava descansando de um dia para o outro para que amolecesse.

No dia seguinte, logo ao amanhecer, pegava o papelzinho com a frase impressa de um lado e os números de outro, dobrava aquela massa com muito cuidado, colocava um pezinho sobre ela e assava novamente para que ficasse dura.

Pronto. Assim nasciam os biscoitinhos da sorte.

E se a sorte estava ao nosso lado ou não, não sabíamos, mas que ela parecia ter sido feita sob encomenda para nós, disso eu não tinha dúvidas.

Assim que começamos a colocar aquele biscoito e suas mensagens junto às entregas, a aprovação foi imediata. Era uma espécie de ritual morder aquele biscoitinho crocante e vê-lo despedaçar, dando lugar ao papel que trazia uma mensagem importante. As pessoas pediam constantemente que enviássemos mais de uma unidade por pedido, porque aquilo, aos poucos se tornava uma verdadeira febre entre adultos e crianças.

Em pouco tempo, Douglas percebeu que o negócio tinha um potencial muito maior do que podia imaginar. Precisou se abastecer de uma coragem enorme para dar passos maiores.

Outros restaurantes passaram a sondá-lo, mas ele não conseguia fornecer em grandes quantidades já que o processo era totalmente manual. A alternativa era buscar uma máquina chinesa. Mas, onde encontrá-la, no Brasil?

Dizem que a sorte favorece as mentes preparadas, e disso eu não tenho dúvidas. Num passe de mágicas ele encontrou um chinês no Nordeste que era proprietário de uma máquina de fazer biscoitos da sorte. Aquilo parecia sorte demais.

Coincidência ou não, seria lá no Nordeste que, dez anos depois, os premiados da Mega Sena teriam seus números sorteados idênticos aos fabricados pela máquina da fortuna.

Era como se a prosperidade estivesse intimamente envolvida com nosso intenso desejo de crescer.

Aos poucos, a Hakuna Matata, expressão africana que significa "Sem problemas", decolava nas mãos do Douglas e seus sócios, Renato Watanabe, Angelo Miyake e Sahib Tsuzaki. Ninguém sonhava que poderia ser algo rentável fabricar biscoitinhos. Mas a maré de sorte não vinha somente dali.

As lojas prosperavam a olhos vistos. Eu estava obcecado pela ideia de fazer o China in Box ser um líder absoluto no seu segmento e não poupava esforços para fazer isso acontecer. O mais curioso de tudo era que eu não me cansava, eu me revigorava cada vez que entrava na loja e conversava sobre um processo que poderia ser melhorado, ou encontrava, durante um passeio, uma ideia que poderia ser acoplada ao nosso modelo de negócio. Eu vivia como uma criança dentro de um parque de diversões – alegre, entusiasmado, e absolutamente confiante de que aquela seria a melhor experiência da minha vida. E isso era, de certa forma, contagiante.

As pessoas sentiam o time engajado, a vibração de cada colaborador, e isso refletia no atendimento, na performance e na comida. Não era só questão de oferecer um excelente almoço ou jantar num box de comida. Era uma vontade excepcional de surpreender o cliente com cada detalhe – e isso virava questão de honra. Eu não tolerava nada que não estivesse num nível de excelência incomparável.

As pessoas respondiam a isso. Não só os clientes, como meus amigos. As ligações eram cada vez mais constantes de pessoas querendo lojas parecidas com a minha.

E foi quando percebi que, se eu não abrisse as tais franquias, alguém ia fazer isso – e eu seria literalmente engolido pelo mercado. Era hora de acreditar no potencial da minha marca, crescer, ter a ousadia de arriscar, tudo isso sem perder a essência.

Sabia que, se perdêssemos a essência, perderíamos tudo. Mas eu tinha uma confiança inabalável de que saberia reproduzir aquele modelo em qualquer lugar. Eu tinha toda a fórmula na ponta da língua – não ia ser nada mal passá-la adiante e ainda ganhar dinheiro com isso.

Parecia divertido.

Acreditava que fazer comida era uma arte. E, como quem zela pela própria arte, tínhamos a premissa de que os cozinheiros se dedicassem com extrema qualidade ao produto. Era através do aroma que aquele box exalava quando era aberto dentro de um apartamento, depois de um dia monótono, que a magia acontecia. A comida levava mais que praticidade – ela tinha a missão de transformar o dia a dia das pessoas. Por mais audacioso que aquilo pudesse parecer, era dessa forma que eu queria que meu produto fosse recebido em cada casa. Como um presente especial feito para transformar uma simples refeição em algo prático e extraordinário, que aguçava todos os sentidos.

O China in Box se esmerava para levar experiências para a casa das pessoas. E, se a minha vivência naquela casa, quando criança, contribuíra para que eu valorizasse o sagrado momento da refeição, enquanto fundador daquela rede eu entendia que era o responsável por manter a qualidade da alimentação de famílias que iam além dos limites daqueles bairros que estávamos atendendo.

Na prática, era muita responsabilidade. Mas eu nem sentia aquele peso. Só a satisfação de estar agradando tanto quanto a pizza de final de semana.

Então eu sabia que, se existia a demanda para que houvesse uma expansão, deveria haver a preocupação de mantermos nosso alto padrão de qualidade. Mais que isso – mantermos viva a chama que dava vida ao China in Box. Éramos pautados por valores que eu trazia da colônia japonesa – ética, respeito, confiança. Todos os colaboradores já tinham assimilado esses valores. Fazíamos parte de uma grande família – e agregar novas pessoas a esta família significava dar um passo que poderia nos desviar do nosso caminho, mas que era necessário para o crescimento da rede.

A primeira providência a ser tomada foi buscar informação. E, se hoje em um clique podemos solucionar qualquer proble-

EU SABIA QUE, QUANTO MAIS AS PESSOAS SE ENGAJAVAM NAQUELE SONHO, MAIS AS COISAS IAM ACONTECENDO COM RAPIDEZ E SINCRONICIDADE IMPRESSIONANTES.

ma, na época precisávamos acionar nossa rede de contatos, ainda sem a eficácia das redes sociais. Eu já tinha percebido que acionar contatos era uma coisa eficiente a ser adotada. O que muitos chamavam de *networking*, para mim era um telefonema entre amigos. E eu adorava pessoas. Essa facilidade em me relacionar ajudava um bocado e por eu cultivar vínculos e não me interessar apenas por quem pudesse fornecer algo em troca, existia uma autêntica conexão – muito mais real do que as atuais curtidas das redes sociais.

A minha rede de contatos era poderosa, em todos os sentidos. Eu sabia que a inércia não ia me ajudar em nada, e que trocar com outras pessoas faria com que eu olhasse as coisas sob novos pontos de vista, enxergando tudo sob outro prisma. Desde o começo eu não era de desprezar conselhos. Ouvia cada um que me sugeria algo, sempre tentando abrir a mente. Para isso era fundamental que eu não vivesse um minuto no piloto automático, já que o cerne da questão era trazer inovação. Meus hábitos apontavam para a direção do sucesso. Disso não havia dúvidas. Eu sabia que, a todo momento poderia mudar a minha vida e a de todas as pessoas envolvidas com aquela operação para melhor, então não poupava esforços, nem entusiasmo.

Agir sem hesitação era o que me movimentava. Não calculava nem media riscos. Apenas estava tão determinado que ninguém era capaz de frear meus impulsos.

Foi com um telefonema da Celina e do Felipe, dois consultores eficazes e entusiasmados, que acabei sendo apresentado à ABF, Associação Brasileira de Franchising. Como num passe de mágica eles congregavam todas as partes envolvidas no *franchising*, incentivando o aprimoramento de técnicas de atuação de cada associado, intercâmbio de informações, dados, ideias, experiências e elaboração e divulgação de pesquisas. Presidida pelo Ricardo Young na época, a associação prezava pela ética e mantinha uma conduta discreta e critérios de atuação que inspiravam confiança nos franqueadores e franqueados.

Quando percebi as possibilidades, tive a convicção de que estava no caminho certo. E, quando o empreendedor encontra essa certeza, que não é mensurável por números, mas estremece o coração, ninguém é capaz de freá-lo. Eu já tinha enfrentado muitos desafios, estava altamente capacitado para entrar em outro patamar. Minha performance tinha mudado desde o dia que eu começara. Não era outro, mas estava mais preparado. Sabia o quanto tinha que me fortalecer para enfrentar os obstáculos que vez ou outra apareciam. Mas quando eu estava alegre e motivado, nada podia me deter.

Era a fórmula perfeita – eu sonhava, acreditava, conseguia engajar minha equipe no meu sonho, e caminhava, sem nem olhar se havia chão debaixo dos meus pés.

A definição de fé nunca foi tão testada em minha vida. E se aquele teste estava dando resultados tão palpáveis, seguir confiante era uma consequência natural. A confiança era minha maior arma. Eu simplesmente mantinha minha mente equipada com tudo aquilo que eu desejava. E nela não havia a possibilidade de fracasso. Diferente de muitos, o "e se?" não passava pela minha mente, nem quando o cenário parecia desmotivador. A cada minuto que eu transmitia, a cada pessoa envolvida no sonho, uma energia positiva, carregada de bons sentimentos em relação ao que eu esperava que acontecesse, as pessoas eram contagiadas por aquele desejo ardente, como se conseguissem visualizar o sucesso quando percebiam minha total motivação. Eu estava com um objetivo definido e sabia que tinha, dentro de mim, todas as habilidades e poderes potenciais para criar uma nova realidade.

Então, encontrando um amigo que montava *stands* para feiras, tivemos a ideia de participar da feira de *franchising*. Ele olhou para a loja, obcecado com tanta inovação, e disse que eu tinha um tesouro nas mãos. Pegou os biscoitinhos, as embalagens bem-acabadas com o logotipo da empresa, e ficou surpreso ao perceber que até a mochila dos entregadores era personalizada.

"Ah, isso quem inventou foi o Marcílio", comentei, sem saber ainda o impacto que o Marcílio causaria com a ideia que revolucionaria o mercado de entregas no Brasil.

Sua pergunta foi pontual: quem era o Marcílio?

O Marcílio era um entregador empenhado que trabalhava na primeira loja do China in Box. Estudava numa escola técnica e, para poder pagar os estudos, fazia bicos de motoboy. Era daquelas pessoas que não estão no trabalho só para passar o tempo, e pensam o tempo todo em como podem contribuir com a equipe.

Para ele, amarrar o isopor na garupa das motos antes de fazer a entrega era algo estranho. E furar o quadro do baú também.

Ao mesmo tempo, não era todo motoqueiro que queria furar o quadro. E como não tínhamos uma frota de motos e muitas vezes contratávamos conforme a demanda, estava difícil encontrar mão de obra para entrega. Além disso, perdíamos muitas tampas naquele processo. Então, numa tarde qualquer, antes que começassem as entregas, o Marcílio teve um lampejo. Essas ideias que mudam o mundo sempre surgem em conversas despretensiosas.

"E se fizéssemos uma capa?". Ele olhava para o baú, para o isopor, e sua cabeça se enchia de ideias. Sua mãe era costureira e ele acreditava que ela poderia trazer uma boa solução. Assim, foi para casa naquele dia prometendo que traria uma capa.

Dois dias depois, ele surgia com a capa com uma alça, que servia como uma mochila. Dava para colocar o logotipo da empresa, o telefone da loja, e os motoqueiros seriam, além de tudo, outdoors ambulantes. Era literalmente, um negócio da China.

Busquei um fornecedor que pudesse fazer em uma quantidade maior e, em menos de uma semana, já tínhamos uma frota de motoboys personalizada com o logo da China in Box, fazendo entregas por várias regiões de São Paulo.

Aquela novidade se espalhou. E foi na feira de franquias, onde todas as redes se encontravam, que apresentamos oficialmente a ideia do Marcílio. Curiosamente, eu seria cercado por pessoas com uma dose extra de ousadia, à medida que decidisse ir adiante com o negócio. Não por acaso, estas pessoas, de natureza criativa e entusiasmada, com um engajamento acima da média, seriam atraídas para compor o time que estávamos formando. E, antes mesmo que eu pudesse entender o que significava física quântica, e como ela poderia afetar meus rendimentos através da Lei da Atração que fatalmente me traria pessoas com características similares às minhas, eu percebi que, à medida que criava um hábito voluntário de pensar positivamente acerca de tudo que me rodeava, a vida respondia com mais generosidade, me aproximando de oportunidades que faziam tudo parecer fácil demais para ser mensurado com exatidão.

A feira parecia ser uma boa oportunidade de fazer negócios. Seria nossa primeira participação, estávamos motivados e ansiosos, mas jamais iríamos imaginar o resultado que alcançaríamos depois daquela semana, nem nas previsões mais otimistas.

Nosso plano era simples: alguém ficaria dentro do *stand* e explicaria como funcionava a loja. Não se tratava da empresa, nem da marca. Percebi, naquele instante, que o Robinson Shiba era o porta voz daquela novidade. E, através das minhas palavras, as pessoas se encantariam pelo negócio. Ou não.

Enquanto equipes de reportagem invadiam a feira, mostrando as inovações que o China in Box trazia, todas as matérias se referiam ao negócio como "diferente e inovador". Alguns citavam os filmes americanos, mostrando trechos nos quais as pessoas comiam comida na caixinha. As câmeras faziam um *zoom* detalhado da marca, que estava em todos os lugares – desde a embalagem do biscoitinho até a mochila do carregador.

Mesmo com um *stand* pequeno, menor que o do concorrente, percebíamos que havia uma vantagem competitiva que nos colocava alguns degraus acima dele. Foi ali que conheci o Thomas, que se tornaria meu maior concorrente, tanto nos negócios quanto no jogo de Pôquer, que jogamos juntos até hoje. Na época, ele começava o Lig Lig, uma rede de comida chinesa similar ao China in Box, mas ainda sem embalagens personalizadas. Nossa concorrência era sadia.

E, entre uma brincadeira e uma entrevista, surgiu o primeiro comprador.

O Audris era um rapaz determinado que estava disposto a adquirir uma loja em São Paulo. Para sua surpresa, eu já havia reservado dez lojas para alguns amigos, que tinham solicitado franquias antes que a feira começasse. Então ele colocou foco na Baixada Santista e resolveu que ali seria um grande ponto de sucesso.

Suas palavras estavam carregadas de fé. Seu olhar parecia o de uma criança que ganhava seu primeiro pirulito. Naquela troca, percebi que a maior vitamina para o negócio seria a energia do próprio empreendedor. Seria vital que todos eles estivessem dispostos a injetar energia na loja, mais que dinheiro. Seria essa a diferença que faria aquele negócio decolar e prosperar. Eu sabia disso intuitivamente, e, mais tarde, minha intuição se mostraria certa quando víssemos os resultados do faturamento de cada loja.

Conforme a demanda por pontos crescia, eu abria um mapa de regiões e íamos observando onde seriam os pontos estratégicos para que se abrissem novas unidades. A premissa básica era de que não houvesse lojas muito próximas uma da outra. E esse olhar cuidadoso fazia-se necessário. Eu não queria gerar competição entre os próprios franqueados.

Enquanto conversava com cada pessoa interessada, tinha a certeza de que fizera a coisa certa. Eu tinha me munido de coragem e havia sido catapultado acima da multidão.

Os dias se passaram e fomos crescendo organicamente da capital para a periferia.

Depois de cinco dias de feira, chegamos ao saldo final – a partir do dia seguinte eu teria trinta e cinco lojas para abrir.

Trinta e cinco lojas.

Eu não era ligado à numerologia, mas sabia que a soma de três e cinco dava oito. E que oito era considerado o melhor número pelos chineses. Representava o infinito. O número que trazia prosperidade, sorte e sucesso.

Só não sabia se o biscoitinho tinha trazido a sorte ou a sorte era o resultado de tudo que tínhamos superado para chegar até ali.

Na dúvida, continuei apostando. Pressentia que estávamos apenas no começo.

ÁGUA NA TORNEIRA, FOGO NO FOGÃO

Se eu tinha o sonho de criar uma marca nacional e elevar a qualidade da comida chinesa no Brasil para um outro patamar, estava decididamente convicto de criar um tipo diferente de empresa, trazendo uma essência familiar que acabava refletindo em nossos produtos. Eu devia parte daquele sucesso que conquistava ao primeiro brasileiro a aprender todas as técnicas no preparo de comida chinesa – o Geraldo. No dia que ele decidira sair do Formoso, restaurante tipicamente chinês localizado em Pinheiros, deixara para trás um chinês furioso. E quem conhece os chineses de perto, sabe que despertar a fúria de um chinês não é nada agradável.

Lembro o dia em que o proprietário do restaurante e antigo chefe do meu cozinheiro principal e braço direito, passou em frente às obras na Rua Rouxinol e vociferou algumas palavras contra nós, tentando convencer o Geraldo a voltar. Mesmo com essa tentação, o Geraldo se manteve fiel, e enquanto o chinês virava as costas, dizia num português bem pronunciado:

"Essa porcaria de comida chinesa na caixinha não vai funcionar e você vai implorar para voltar".

Mas estávamos blindados contra qualquer praga. Nossa energia era tão positiva, e nos fazia acreditar tanto que aquilo ia dar certo, que eu não tinha medo de nenhuma maldição.

Minha missão, depois de sair da feira de franquias, estava bem audaciosa: precisava ajudar 35 novos empreendedores a abrirem seus negócios – e isso dependia totalmente de mim.

Sentei com a equipe e falei: "Vamos lá".

Uma das minhas características marcantes talvez seja a de levar a vida numa boa. Desde pequeno, diante de grandes desafios eu não deixava a ansiedade me perturbar. Focava no que precisava ser feito e não temia nada. Assim, de uma maneira positiva, engajei cada membro da equipe em me ajudar a construir o sonho de tantas famílias, que estavam confiantes em seus novos negócios.

O próprio Geraldo, que morava nos fundos da loja com sua família, estava presente de corpo e alma naquela empreitada.

Éramos praticamente uma família, e até hoje meu filho Rafael se recorda da infância com os seus melhores amigos na época – os filhos do Geraldo, já que ele passava grande parte do tempo dentro da casa deles quando ia conosco na loja. Viver a vida de um empreendedor era respirar 24 horas por dia aquela atmosfera. E eu envolvia toda a família naquela jogada.

Só que abrir 35 lojas não é tão fácil quanto pode parecer. E as coisas não surgem num piscar de olhos. Logo de cara fomos pegos de surpresa com a notícia de que o fornecedor de fogão não estava preparado para entregar aquela quantidade de equipamento para as lojas. E todas elas precisavam de um fogão especial que não era fabricado no Brasil.

Não havia outra alternativa – teríamos que esperar. O fogão do China in Box tinha uma chama especial. Até hoje as pessoas param em frente das cozinhas e ficam hipnotizadas pela chama que parece de um maçarico. Mas as indústrias tradicionais não conseguiam reproduzir aquilo, e o patriarca chinês, dono da empresa que nos fornecia o fogão, era nosso único fornecedor em terras tupiniquins.

Além disso, ninguém produzia tachos em grande quantidade. E, se hoje existe o sofisticado modelo *wok* nas cozinhas mais descoladas do país, na época aquele tacho era algo impensável dentro das casas e dos restaurantes.

Eram muitas as decisões a serem tomadas e nem sabíamos como dar conta de tudo e, com tantos detalhes, deixávamos passar algumas providências que hoje seriam consideradas essenciais – nos cinco primeiros anos não tínhamos sequer contrato assinado com os franqueados. O crescimento era tão repentino e acelerado que não nos lembrávamos de escrever sobre a parceria na folha de papel e assinar o termo de compromisso.

Definitivamente, a confiança era a base do negócio. A partir do momento em que olhávamos nos olhos um do outro e combinávamos o que ia ser feito, estava fechado. E nunca tivemos problemas com isso.

Essa herança da cultura japonesa, a tradicional maneira de se fazer transações pelo "fio do bigode", estava arraigada em mim. Na comunidade japonesa não era comum existir contrato entre as partes – isso era algo considerado ocidental. E como os imigrantes fechavam muitas coisas na clandestinidade, a confiança era a premissa básica para qualquer negociação.

A própria pessoa que nos fornecia insumos orientais para que minha família cozinhasse na época que eu era criança, aparecia com uma Kombi e anotava os pedidos na mão. Na loja de construção, era comum que meu pai vendesse fiado. E até mesmo nos meus consultórios, eu adquirira a prática de confiar no cliente, acima de tudo. Cresci vendo que acreditar nas pessoas, assim como meu pai acreditava em mim, fazia toda a diferença nas relações. Tornava-as mais saudáveis e sustentava um modelo de troca onde ninguém pensava em levar vantagem para si mesmo.

Nunca levei calote nem fui vítima de qualquer mal-intencionado. As energias que atraíamos para o negócio eram similares às que emanávamos – e esse fenômeno ainda nem era discutido através da ciência ou da física quântica. Era só uma percepção de um japonês nascido no Sul do Brasil que se metia com comida chinesa.

Então, com aquele verdadeiro fenômeno que a rede se tornava, o que poderia parecer fundamental para alguns, para nós era um mero detalhe. E ao mesmo tempo, o que parecia um detalhe para os outros, era fundamental para nós.

Talvez esse tenha sido o modelo de sucesso que fez o China in Box prosperar em tão pouco tempo.

Como líder de uma empresa, queria criar um ambiente no qual todos aspirassem trabalhar. Era desafiador, mas eu estava apaixonado pela ideia de construir um lugar dos sonhos. E esse estado de espírito era o grande responsável não só pelas conquistas, como pela atração de uma mão de obra que efetivamente faria total diferença na história do China in Box.

E a mão de obra veio do lugar mais inesperado – sem que eu pudesse controlar o destino, uma força inesgotável surgiu e se fez presente na determinação de centenas de nordestinos.

Foi em Patos, município localizado no sertão da Paraíba, que a notícia se espalhou como vento: algumas lojas em São Paulo estavam contratando profissionais para que trabalhassem em

EU SONHAVA, ACREDITAVA, CONSEGUIA ENGAJAR MINHA EQUIPE NO MEU SONHO, E CAMINHAVA, SEM NEM OLHAR SE HAVIA CHÃO DEBAIXO DOS MEUS PÉS.

suas cozinhas e não havia sequer um trabalhador que não quisesse vir para a capital experimentar os ares de uma cidade grande com toda a infraestrutura e oportunidades que poderiam ser desfrutadas.

O primeiro ônibus que saiu da rodoviária de Patos rumo ao Tietê, em São Paulo trouxe vinte pessoas. Eles saíram do ônibus sem saber como chegar na loja, mas a vontade era tanta que apareceram quando eu menos esperava. Foram recebidos com entusiasmo, estávamos necessitando de mão de obra, e eles pareciam extremamente interessados em aprender.

O que ninguém esperava, naquele dia, era que fôssemos presenciar uma cena tão emocionante, que marcaria o resto de nossas vidas.

Quando o primeiro deles entrou na loja e abriu a torneira, urrou de felicidade.

Ele via, pela primeira vez, água saindo da torneira.

Colocou as mãos debaixo da água, e seus olhos se encheram de lágrimas.

Naquele instante todos ficaram comovidos com a simplicidade daquele povo que estava entregue a uma experiência absolutamente nova na cidade grande. Tudo era tão mágico para eles que a sensação que emanavam de gratidão criava um elo profundo dentro de cada equipe.

Se a possibilidade de um emprego já parecia atraente o suficiente, ver água jorrando da torneira era quase um milagre. Além disso, cada loja havia sido construída com um alojamento onde havia camas e colchões. Para aqueles homens era a oportunidade do século. Poderiam ter onde morar, tomar café da manhã, almoçar e jantar, e ainda ganhar dinheiro e tomar banho.

Quando o primeiro deles ligou para casa contando em detalhes a grande novidade da torneira que jorrava água, surgiu o segundo ônibus, e o terceiro, lotados. E, num estalar de dedos, surgiram cerca de setecentos funcionários, diretamente do município de Patos.

Tecnicamente eles não eram a mão de obra mais qualificada do mundo, porém, sabiam trabalhar, e com gosto. Além disso, tinham um desempenho excepcional na cozinha. Faziam o que fosse preciso e tinham gana em aprender o que não sabiam.

Enquanto treinávamos todos os cozinheiros chefes, que tinham sido atraídos pela oportunidade e abandonado dezenas de restaurantes chineses pelo Brasil afora, percebíamos que estávamos diante de um cenário perfeito – colaboradores que se engajavam de maneira positiva e tinham, acima de tudo, bom coração.

Era a essência do negócio se espalhando.

Essa energia positiva emanava de cada colaborador de maneira impressionante – e solidificava os negócios de um jeito surpreendente. Além disso, eles estavam sempre atentos: todas as cozinhas dos restaurantes podiam ser vistas pelos clientes, já que, ao invés de paredes, eram fechadas com vidros.

A ideia surgira logo que eu percebi a intensa e crescente reclamação dos clientes em relação à higiene dos restaurantes chineses tradicionais. Era algo que eu repudiava e, de cara percebi que precisava quebrar esse preconceito de alguma maneira. A solução veio quando um amigo lembrou da cozinha de um restaurante espanhol em São Paulo, o Don Curro, que deixava a cozinha à mostra.

Minha primeira providência foi visitar o estabelecimento. Eu fiquei encantado com toda aquela movimentação na cozinha e, nas lojas do China ainda tínhamos o diferencial daquele fogo intenso que vinha do nosso fogão especial, além das manobras que alguns cozinheiros arriscavam com o macarrão, jogando-o para cima enquanto preparavam.

Era bonito de se ver. Estávamos todos embriagados de felicidade.

Preservávamos o relacionamento com os franqueados e eu tinha a missão estratégica de passar processos e valores para cada um deles. Por mais que fosse uma intensa responsabilidade, eu não via como tal – era intuitivo e as decisões e sacadas vinham à medida que eu colocava os olhos no funcionamento da loja. Essa confiança que os franqueados depositavam em mim que, ainda sem perceber, era uma grande referência para todos eles, me tornava imbatível.

Enquanto o crescimento se estabelecia, entrevistava novos candidatos a franqueados, e percebi que precisaria ser incisivo se quisesse uma operação sólida e consistente – não queria empresários que se dispunham a ser meros investidores do negócio. Para se adquirir uma franquia, fazia-se necessário literalmente encostar a barriga no balcão e trabalhar. Trabalhar de verdade.

Esse acabou se tornando um grande diferencial da nossa rede. As empresas eram compostas por famílias, que se uniam por uma causa e objetivo em comum. E, sempre que havia um novo pedido, lá estava eu, fazendo as mesmas perguntas:

"Por que você quer abrir um China in Box?"

Muitos acabavam sendo convencidos de que não era o negócio apropriado para eles – e o mais curioso era que eu os convencia. Sabia que, para dar certo, o dono precisava estar presente, atuando dia após dia, a fim de que o negócio pudesse andar sozinho depois de um ou dois anos. O China in Box não era uma aventura – eu falava com convicção naquilo que acreditava e estava sempre disposto a ajudar quem estivesse ao meu redor.

A época coincidia com uma reestruturação da IBM, uma multinacional americana que dispensava executivos num processo de reengenharia. Assim, esses profissionais que saíam da empresa com um bom montante de dinheiro na mão, muitas vezes queriam adquirir um negócio, e delegar a produção para terceiros. Eram pessoas que não estavam habituadas a colocar a mão na massa.

Tive o cuidado de fazer uma triagem minuciosa.

Eu me sentia como o criador de uma grande escola de sucessos. Mesmo que o sucesso fosse mensurado pelo número de yakissobas vendidos por dia. Empreendimento que eu conhecia não apenas a receita dos pratos, como a fórmula para construir uma empresa sólida e duradoura.

Eu não me distanciava das operações do dia a dia, mas me concentrava na expansão do negócio. E, em menos de dois anos, já tínhamos uma rede de setenta lojas.

Era um número grandioso demais para ser ignorado.

Na mesma época, havia um crescimento frenético de novos concorrentes, uma aproximação rápida e descontrolada de uma crise e uma grande mudança no comportamento do franqueado.

Eu estava pronto para crescer. Mas com todo crescimento, vinha a dor. E com a dor, vieram os aprendizados.

E quando aprendemos com a dor, eles parecem ainda mais valiosos.

DE CAÇADOR A DOMADOR

Era uma tarde qualquer quando a minha esposa Márcia e minha irmã, Helen, me chamaram para uma conversa em particular. Embora o céu estivesse limpo, a impressão era de que uma tempestade fosse cair na minha cabeça dali a alguns instantes.

Quem conhecia o Shiba sabia que eu era, desde pequeno, aquele garoto de bem com a vida. Tinha facilidade de relacionamento, me entrosava fácil e como eu era transparente e autêntico, fazia novos amigos com certa frequência. Isso acontecia desde a época em que jogava bola com os funcionários de meu pai, na antiga loja de construção na Cidade Ademar.

Conforme fui crescendo, essa característica ficou acentuada. E, mesmo que eu não estabelecesse vínculos de amizade tão estreitos nos negócios, eu era o cara dos relacionamentos. Tinha habilidade e facilidade para encantar, engajar outras pessoas nos meus sonhos, e assim, a expansão do China in Box era desenfreada.

Costumo dizer que, se minha empresa fosse um carro, eu só sabia usar o acelerador.

Nesse período, aconteceu algo inusitado – os jornais indicavam uma forte crise na Rússia, na Ásia e as vendas dos franqueados começaram a cair. No começo parecia uma simples coincidência, um número aqui e outro ali, mas depois aqueles dados começaram a ficar evidentes demais para serem ignorados.

Numa distração, estávamos perdendo algumas características que nos diferenciavam, e enquanto o mundo passava por um período turbulento na economia, uma crise se aproximava e eu me sentia como um país sem abrigo antiaéreo ao saber que um bombardeio se aproxima. Era angustiante atender aos telefonemas.

Minha autoconfiança começou a ser impactada. Senti que eu só sabia abrir lojas e obturar dentes, que enquanto os franqueados, bem informados, perguntavam sobre os indicadores que a franquia tinha para auxiliar nas vendas, eu respondia que a solução era atender direitinho e entregar o produto quente e gostoso.

"Limpa aí direitinho, não deixa faltar nada, abre, fecha e vende", era a minha resposta padrão – como solução paliativa para fugir daquele medo que começava a surgir dentro do meu peito.

Os franqueados começaram a pressionar com mais agressividade. Estavam preocupados e eu, como líder, não levava soluções. Eles perguntavam de organograma e eu só pensava na prova de odontologia que me levara a entender tudo sobre prótese, mas que não tinha feito com que eu desenvolvesse nenhuma habilidade específica para contornar uma crise.

Então, quando minha esposa e minha irmã finalmente me chamaram para aquela conversa, eu sabia que teria que me deparar com o problema do qual tanto tentava fugir.

E um problema, quando ignorado, parece um fantasma. Vira uma bola de neve gigante que o persegue até mesmo onde você não quer ser encontrado.

Entrei na sala e a expressão da Márcia era séria. Tentei descontrair, mas ela foi incisiva. Tinha trabalhado como controler num banco – sabia ser determinada e direta quando necessário.

"Sabe um caçador?", ela começou tentando fazer uma analogia ao meu jeito de trabalhar. "Um caçador vai lá e caça o leão. Você tem sido um ótimo caçador".

Eu não sabia onde aquela conversa ia chegar, mesmo assim, fiz sinal afirmativo com a cabeça.

"E sabe quem doma esse leão, quando ele vem correndo, descontrolado? Quem tem que pegar o laço e amansar a fera?".

Fez uma pausa, olhou para a Helen e continuou: "Nós".

"Você corre dos problemas. Você abre a loja e quem carrega os problemas somos nós. Você caça o leão, faz a expansão, mas não encara os problemas de frente".

Aquele bombardeio não parecia desproporcional. E, por pior que parecesse o cenário, eu não sentia medo, mas tinha absoluta certeza de que não sabia mais em que terreno estava pisando. Era tudo novo e desconhecido.

Sem que eu pudesse controlar, a imagem da minha mãe surgiu em minha mente. Era a mesma sensação que eu tivera aos dezoito anos, quando percebi que ela poderia estar doente ou corria algum risco de vida. Era a mesma sensação de fugir da realidade, de tentar sair de cena e esperar que tudo voltasse ao normal. De acreditar que a vida se encarregaria de deixar as coisas em seus devidos lugares.

Eu estava, mais uma vez, evitando os problemas. Acreditando que tudo ia dar certo, sem enfrentar de fato aquilo que eu mais temia.

Meus batimentos cardíacos estavam acelerados. Eu suava frio. Passei a mão pelos cabelos. Entendi que era hora de agir. Já tinha percebido que a própria rede cobrava mais organização, e essa cobrança vinha nas reuniões de conselho dos franqueados. Eram cobranças diferentes, tipos de exigências mais específicas. Era visível que as informações que eles precisavam estavam fora do meu alcance. E eu nem sabia como começar a coletá-las.

Até então, o crescimento do negócio tinha sido mantido de maneira intuitiva. Nessa época, as deficiências do negócio eram mascaradas pelo crescimento. Até que os problemas tinham começado, timidamente, a aparecer. Eu tinha perdido o controle dos custos, não sabia quais eram os pratos rentáveis e quais davam prejuízo. E eu estava perdendo alguns detalhes de decisões operacionais específicas. Na prática, cada franqueado agia da maneira que achava melhor. E a rede começou a perder o padrão de qualidade que tanto prezávamos.

Era o caos.

Mais do que nunca era necessário frear o crescimento e arrumar a casa. Não sabia quanto tempo isso ia me custar, mas precisava, de uma vez por todas, me livrar daquele fantasma que me assombrava. Eu tinha que encarar os problemas.

Saí daquela sala e dei um telefonema. No dia seguinte eu contrataria uma consultoria especializada – como empreendedor precisava ter a humildade de reconhecer quando não era capaz de entrar numa batalha sozinho. E estar com pessoas experientes para me ajudar na gestão faria com que eu pudesse me dedicar a funções mais estratégicas, como planejar a expansão e negociar com fornecedores.

No meio desse turbilhão minha cabeça fervilhava. Eu aprendia, a duras penas, que um empreendedor não podia ser cabeça dura a ponto de não voltar atrás quando suas ideias davam errado. Eu basicamente concordava em confiar nas decisões de terceiros, que poderiam agregar no meu negócio.

Ao mesmo tempo, tinha que dar meia volta numa empreitada malsucedida no exterior. Tinha aberto unidades na Argentina e no México que não traziam resultados – o que me levou a agir rapidamente para encerrar aquela operação.

Em compensação, a experiência Brevitá, uma tele-entrega de comida italiana que funcionava dentro de algumas unidades China In Box para aproveitar a ociosidade da cozinha e dos entregadores tinha sido bem-sucedida.

Com a implementação da consultoria, os ânimos dos franqueados foram se acalmando. Eles expressavam uma série de preocupações sobre o direcionamento da empresa, e a consultoria sabia como identificar as respostas. Foi assim que começamos a entender o porquê de uma loja vender o mesmo que a outra, mas gastar muito mais. Sabíamos onde havia desperdício ou roubo de insumos, identificávamos os porquês. E meu senso de responsabilidade me dizia que eu deveria ter esse tipo de informação, que justificava a cobrança de *royalties*. Esse era o papel da franqueadora.

Embora eu tivesse plena consciência de que era totalmente pioneiro, sabia onde buscar referências para me estruturar melhor – e, nessa busca incessante acabei encontrando uma grande referência em um amigo que era fornecedor de todos os insumos do McDonalds. Como o processo era mundialmente conhecido por ele, ele me mostrava o caminho das pedras e eu entendia como podia atender novas demandas.

Eu tinha consciência de que o sistema de franquias deveria ser um "ganha-ganha" constante. Se alguém perdesse, o castelo desmoronava.

Muitas camadas estavam envolvidas para que levássemos uma nova experiência ao consumidor. E como presidente da empresa eu me via responsável pelos problemas que nós mesmos criamos. E, embora a princípio não soubesse lidar com a intragável pressão externa que se tornava inevitável num momento como aquele, se eu tivesse soltado as rédeas do negócio, ele jamais teria crescido com a segurança sustentável que tem hoje.

Além de um grande sonhador, eu me tornava um realizador. E realizar era uma tarefa que exigia algo além de uma fé inabalável. Exigia que eu tivesse coragem. A coragem era o motor principal que me fizera encarar problemas, recuar e pedir ajuda. Mas, acima de tudo, desde o dia em que me vira diante de um filme americano, tinha dado, mesmo que um de cada vez, passos em direção ao meu sonho. E me orgulhava quando ouvia um empresário qualquer dizer que tivera a mesma ideia que eu, coisa que eu respondia, sem pestanejar. "Você ficou sonhando. Eu estou aqui. Quer comprar uma franquia?".

Percebia a todo instante que estávamos caminhando numa outra velocidade.

A porta estava aberta. Bastava entrar. Mas, se eu queria caçar leões, tinha que aprender a domá-los.

E, aos poucos, eu me tornava um excelente domador.

SE EU QUERIA CAÇAR LEÕES, TINHA QUE APRENDER A DOMÁ-LOS.

ENGAJAR

A ARTE DE SOCIALIZAR CONQUISTAS

Fui chamado às pressas para visitar uma das lojas. O franqueado estava descontente – tinha aplicado toda nossa "cartilha" – mas ele estava apreensivo – ficava dentro de sua loja o dia todo e não via o resultado esperado. Pelo seu tom de voz eu já identificava o que estava acontecendo, mas deixei para dar o veredito pessoalmente.

Era comum que os donos de lojas recorressem a mim, principalmente quando se viam diante de becos sem saída. Aparentemente os processos estavam perfeitos, mas havia algo que ele não conseguia entender. Quando entrei na loja, percebi sua expressão de cansaço. Estava exausto, pálido, com os ombros caídos – e todos os seus colaboradores pareciam descontentes e desmotivados.

Fiz questão de levar a minha melhor energia, conversei com todos, coloquei a mão na massa, abracei as pessoas que estavam envolvidas na operação e, quando sentamos, olhei aquele parceiro de trabalho nos olhos e dei o diagnóstico:

"Você precisa se alegrar"

Ele pareceu surpreso.

Minha definição de sucesso passava longe de trabalhar o dia todo esgotado e desmotivado buscando resultados sem se divertir com a jornada. Eu sempre acreditei que qualquer trabalho só valia a pena quando havia diversão envolvida. E a alegria é uma tônica que transforma – quando compartilhada, ela contagia positivamente todo um ambiente e transforma as pessoas.

Essa premissa veio desde o dia que me formei como dentista. Lembro-me de sair do consultório para jogar bola com os amigos, de sempre estar bem para conversar com os pacientes, e de entender o quanto era importante ter bons momentos quando estávamos no ambiente de trabalho.

Eu identificava a imagem de sucesso como a de alguém de bem com a vida. Sabia que o dinheiro, sozinho, não era capaz de trazer alegria e nem de comprar felicidade. Os momentos vividos, sim, poderiam proporcionar boas risadas. Estes fazem as coisas valerem a pena.

Via muita gente triste e de mal com a vida no trabalho, e me perguntava como conseguiam manter sentimentos e emoções negativos por tanto tempo. No caso de um estabelecimento comercial, nem precisa ser alguém sensível para entender isso. Qualquer pessoa gosta de entrar num lugar com gente alegre, ser atendido por quem tem bom ânimo e vigor. E esses sorrisos gratuitos é que deveriam fazer parte do dia a dia de todas as pessoas. Quando um proprietário de um negócio só consegue carregar problemas por onde vai, é como aquele personagem de desenho animado que leva a nuvem escura sobre a cabeça. E nada dá certo. Ele atrai mais problemas, mais preocupações, deixa as pessoas com a alma pesada e o ambiente fica carregado. Aquela sensação vai fazendo com que as pessoas passem a repelir tudo que vem dali.

Mas o contrário é uma bola de neve de energia positiva. Quando espalhamos alegria e compartilhamos, exploramos poderes ilimitados e conseguimos sintonizar numa outra frequência, que faz com que as pessoas que convivem conosco se sintam bem com a nossa presença. Essa energia, que não pode ser vista, mas pode ser sentida por qualquer um, é um dos fatores que podem colocar um projeto a prosperar ou a falir. Isso porque tudo acaba se tornando resultado de uma lei natural, de ação e reação. E quando mantemos o hábito de tornar a vida prazerosa, mesmo no trabalho, somos capazes de usar nossa energia para fins construtivos e iluminar todos que estão ao nosso redor.

Assim como precisamos do fogo para cozinhar, o calor humano é essencial na cozinha, para manter acesa a chama da vida. O que torna tudo interessante é a maneira como encaramos essa vida.

Ele ficou calado. Evidentemente pensou que era impossível se alegrar com os resultados que estava tendo na loja. Mas tinha entrado em uma espiral negativa, daquelas que viram uma espécie de buraco negro, sem perceber.

"Você precisa arejar. Sair um pouco de cena. Fazer algo que te traga alegria, deixar alguém por um tempo comandando a operação. E voltar só quando estiver bem. Há quanto tempo não tira férias?"

Ele não sabia responder. Mal descansava.

Já tinha presenciado aquela cena inúmeras vezes – empresários que acreditavam serem bem-sucedidos, esgotados mental e fisicamente. Muitos deles numa busca frenética por dinheiro e resultado, acabavam encurtando o tempo de vida, e pior, não aproveitavam a vida, que era exatamente o que estava em questão. A vida.

Trabalhar sem alegria, a meu ver, parece pior que viver em uma prisão. É inconcebível para mim que pessoas consigam viver seus dias aprisionadas em trabalhos apenas em troca de um contracheque no fim do mês. E, desde a época em que clinicava, sentia essa necessidade de ser feliz enquanto trabalhava. Senão não fazia o menor sentido. Essa era a minha lógica.

Enquanto ele me olhava imaginando uma série de fatores que teoricamente iam contra o que eu pregava, continuei meu discurso. Não era incongruente – eu me recusava a apoiar um parceiro de trabalho que não visse propósito no dia a dia. Para entrar em campo, cada um deveria buscar sua melhor energia. Assim viriam os resultados.

"Vamos fazer um teste. Eu quero que você vá buscar alegria em outro local e depois retorne. Nesse período, deixe alguém comprometido, que queira crescer e prosperar, no comando da loja. Faça essa pessoa perceber que ela pode, através deste trabalho, realizar o sonho dela. E quando você voltar, vamos ver a diferença".

Se certas crenças podem dar margens para dúvidas, os números não mentem jamais. Sempre que qualquer franqueado aplicava essa teoria, colhia excelentes resultados. Era evidente para mim que se o dono do negócio não estava bem, não havia milagre que fizesse o estabelecimento prosperar.

Nesse aspecto eu era tido como referência. Mostrava a eles o quanto era importante estarem com a energia em alta e era visível e notório que não adiantava nada ficar praticamente morando dentro da loja sem que houvesse um bocado de diversão.

Minha vida era a prova mais contundente disso – por mais que meus compromissos sempre fossem religiosamente cumpridos no que dizia respeito ao trabalho, eu não deixava nenhum dos meus *hobbies* de lado. Tocar guitarra, tomar cerveja, jogar pôquer, enfrentar amigos em partidas de tênis – eram algumas das coisas que me faziam melhorar o humor.

Alegria é a vitamina de qualquer negócio. Se você não está feliz no local onde trabalha e fica a maior parte do seu tempo, você está constantemente transmitindo energia negativa e isso impacta em tudo – o colaborador sente, os clientes sentem, e até a comida parece perder o gosto.

Muita gente nem percebe o quanto a energia negativa impacta num estabelecimento comercial, mas é só colocar os pés em um lugar onde as pessoas estão de mal com a vida que a sensação é uma velha conhecida – um mal-estar que não sabemos de onde vem, mas que se instala, e nos faz perceber que é hora de ir embora, muitas vezes para não mais voltar.

Em uma cozinha, onde o *stress* é natural devido à corrida contra o tempo em determinados turnos, o ideal seria que os colaboradores enfrentassem o desafio de cabeça erguida, e com disposição para atender a demanda com leveza e entusiasmo.

Se cozinhar é um ato de amor supremo, quando falamos de alimentos que serão servidos para pessoas que desconhecemos, essa atenção deve ser redobrada.

Em muitas culturas, sugere-se que a pessoa não cozinhe se não estiver de bem com a vida. Essa teoria reforça a tese do japonês Massaro Emoto, que fez experimentos com a água, mostrando como a energia emitida por nós impacta diretamente na matéria. No caso dessa experiência, ele fez com moléculas de água, comprovando através do formato das moléculas, que quando eram submetidas a expressões de raiva, ficavam danificadas, e quando eram impactadas com comentários e sentimentos positivos, elas ganhavam cor, vida, formatos incríveis. Através desse experimento ficou, comprovado o poder do pensamento emitido em tudo que colocamos nossa intenção.

Somos feitos de energia. E eu tenho total convicção de que essa energia que emanamos é a responsável pelos resultados que colhemos. Posso afirmar que minha vida é uma prova disso. Em todos os momentos em que me senti mal e insisti em trabalhar, o efeito foi devastador na empresa, provocando uma cascata de acontecimentos irreversíveis.

Um líder não pode se dar ao luxo de não estar em sua máxima performance – famílias dependem de suas resoluções – e essa responsabilidade me faz acordar todos os dias entendendo que meu papel é ser a referência.

É imprescindível que o empreendedor se abasteça de coisas boas. E, embora muitos não desfrutem da mesma visão que eu, acredito que a melhor maneira de enriquecer a vida é através do pensamento positivo. Esse "acreditar" com determinação movimenta forças que pareciam intransponíveis, e quando observamos dois empreendimentos podemos facilmente identificar o perfil de quem o lidera.

Alguém que acorda de manhã mal-humorado não consegue contagiar sua equipe e se deixa consumir pela energia negativa que ele próprio carrega.

Na minha vida, as evidências de que eu precisava me abastecer de força e coragem para enfrentar obstáculos de cabeça erguida e peito aberto foram inúmeras. Meu pai sempre dizia que eu tinha essa característica natural e uma facilidade de extrair o lado positivo dos eventos.

Quando perdi minha mãe, estávamos todos devastados e eu tinha na família pessoas que sofreram mais do que eu – embora todos tenhamos sentido a perda, eu sentia em meu íntimo que meu papel era transmutar aquele acontecimento e fazer com que as pessoas enxergassem a vida que ainda pulsava ao redor delas. Nada tinha acabado com a morte de seu corpo.

Mas é comum que muitos se deixem abalar por acontecimentos catastróficos. É natural que tenhamos uma tendência a olhar para o lado ruim das coisas que se abatem sobre nossa vida sem que a gente possa respirar, mas quando assumimos o papel de sermos os agentes de transformação, de sermos aquele indivíduo que olha ao seu redor e puxa todos para cima, os ambientes são visivelmente transformados. E esse magnetismo, comprovado pela ciência, definitivamente faz acontecer.

Desde criança, eu sempre gostei de estar junto das pessoas. Era um aficionado por festas e confraternizações. Por outro lado, essa minha fama atraiu uma responsabilidade: eu sempre alegrava os ambientes por onde passava. Quando o Shiba chegava, era hora de se animar. Muitas vezes tentei ver isso como uma insustentável leveza, ao invés de enxergar como o peso que poderia se tornar, já que era frequente que as pessoas cobrassem essa conduta quando me viam. Eu era o agente catalizador. O coringa. O cara positivo que sempre tinha uma carta na manga.

Quando abri o China in Box, percebi que essa responsabilidade se multiplicara. Entendi na pele como, sendo dono do negócio, minha energia impactaria de todas as formas. Se entrasse carregado negativamente no ambiente de trabalho, todos os colaboradores sentiriam e aquilo reverberaria de outras formas. No início era apenas intuitivo, mas depois passou a ser consciente e, a partir de então, passei a ser cuidadoso e quase obsessivo com isso.

Obviamente, não existe ninguém que esteja com a energia em alta todos os dias, mesmo assim, nos dias que não estou bem, prefiro ficar em casa e me recuperar, a fim de não azedar a relação com as pessoas do meu convívio profissional. Sei o quão grande pode ser o impacto de uma resposta enviesada.

Nossa sede fica em São Paulo, a equipe é grande, e correr o risco de contaminar as pessoas pode trazer impactos desastrosos para os negócios. Mesmo na época em que trabalhava diariamente nas lojas, quando me via mal, ligava para minha equipe e pedia para que alguém assumisse o posto de coordenação das operações. Energia negativa contamina mais que doença – e o empreendedor tem que se resguardar porque se ele não está bem, a chance é que ele piore com cada pepino que tiver que resolver.

Mas, embora eu tenha essa realidade quase palpável no meu dia a dia, já lidei com pessoas com personalidades distintas – e alguns empreendedores com um *mindset* de "processos e indicadores" passam por desafios hercúleos simplesmente por não admitirem que existe algo bem maior que o quociente intelectual.

Como eu sempre tive o quociente emocional bem mais desenvolvido que o intelectual, talvez exista essa facilidade em perceber e enxergar o quanto emoções bem trabalhadas podem beneficiar um negócio, os relacionamentos interpessoais e impactar nos resultados de qualquer empresa. Empenho-me em orquestrar movimentos que façam as pessoas ao meu redor perceberem o quanto paixão pelo trabalho, empenho e engajamento são fundamentais para que equipes cresçam em todos os níveis.

Hoje, quando percebo colaboradores insatisfeitos, jovens querendo resultados imediatos, pessoas reclamando e infelizes em seus ambientes de trabalho, percebo o quanto nossa sociedade está carente de valores que permeiem as relações – e principalmente líderes que conduzam estas pessoas a enxergarem este caminho.

Eu sempre alimentei a crença de que capacitação é viável e factível com treinamento e curso. Consegue-se educar e instruir. Formamos pessoas através do conhecimento. Mas existe algo essencial que nenhum curso consegue fornecer – e isso está associado a valores.

Estou falando sobre gostar de gente. E, para se relacionar e engajar as pessoas nas suas conquistas, é imprescindível que se goste de estar com pessoas.

Você não treina outra pessoa a gostar de gente. Algumas ficam mais isoladas outras são pró ativas em relacionamento. Cada uma delas traz sua importância dentro da corporação.

E eu fui perceber isso ainda criança, enquanto convivia com dez pessoas de personalidades absolutamente distintas. Era uma verdadeira escola de temperamentos onde eu percebia oscilações de humor, regras de convivência, presenciava brigas em sua potência máxima e demonstrações de afeto tão intensas quanto.

Crescer nos fundos da loja de material de construção também me fez perceber o quanto alguns colaboradores se destacavam, e outros simplesmente estavam ali, sem agregar muita coisa ao time. E isso não estava ligado ao grau de escolaridade de cada um deles – o que era mais interessante.

Fui adquirindo a prática de ser um bom observador quando percebi que, por ser criança, ainda não tinha voz ativa. Então, a alternativa era escutar. E eu escutava todas as conversas, as negociações, as palavras que eram usadas e a forma como elas repercutiam. Escutava também aquilo que não era dito – eram as percepções sensoriais propriamente ditas. Era nítido perceber nas expressões as insatisfações ou alegrias – e também era visível o quanto o desempenho de cada um estava intimamente ligado ao nível de energia que aquela pessoa emanava.

Embora eu ainda não tivesse a menor consciência disso, sabia que os mais entusiasmados e ativos estavam sempre um passo à frente dos outros nas vendas. E quando os clientes chegavam pela segunda vez, inconscientemente se dirigiam a eles, que logo abriam um sorriso.

Crescendo cercado de valores sólidos, como transparência e honestidade, fui naturalmente incorporando uma maneira de trabalhar que promovia a ética – em todos os níveis. E, assim, logo que a primeira loja começou a prosperar, passei a delegar cada vez mais e a dividir minhas conquistas. Nunca tinha sido treinado para isso, mas me encantava conhecer a história de cada um, conversar com o time e entender quais eram as principais dificuldades que enfrentavam no dia a dia. E, da mesma forma, dava a eles a liberdade para que pudessem conduzir seu caminho ou propor soluções em suas áreas.

Esse engajamento, gerado através da conexão real entre uma pessoa e seu meio, é o que transforma qualquer ambiente. Tanto o engajamento da diretoria, como dos gerentes. Vejo o quanto as pessoas precisam estar engajadas por uma causa.

E minha causa não era apenas vender sonhos. Eu sabia que era o responsável por motivar as pessoas, mas que isso só aconteceria se eu tivesse fé nelas. Fé ativa e não passiva. Uma fé que se arrisca, que conhece o fracasso, mas acredita no sucesso independente dos indicadores. Quando motivamos as pessoas porque acreditamos nelas, estamos comprometidas com o sucesso. E da mesma forma como meu pai me motivava, acreditando em mim, tento motivar cada pessoa que atravessa meu caminho depositando a minha fé nela. Simplesmente porque acredito que todo ser humano é capaz de conquistar seus sonhos e realizá-los.

Talvez minha maior maneira de motivar ainda seja através do exemplo. É incrível quando recebo pessoas que se dizem inspiradas pela minha conduta e modo de pensar. E quando nos comprometemos a ser inspiradores, é como se gerássemos um combustível para que as pessoas se abastecessem naturalmente.

Muitos fracassam por não estarem motivados o suficiente, mas ao mesmo tempo não agem com entusiasmo nem têm ações baseadas na fé de que se vai conquistar aquilo que se almeja.

Para me relacionar com cada um dos franqueados eu precisava entender o porquê de ele ter apostado naquele negócio. E sabendo que ele havia acreditado naquilo, tentava transmitir que o negócio simplesmente existia para que ele pudesse realizar sonhos. Dessa maneira, fazia o possível para que ele conseguisse transmitir a mesma mensagem para seus colaboradores.

Se todos estão engajados num propósito, que no final das contas é que cada um realize seu sonho, conseguimos atender o consumidor da melhor maneira possível.

Tudo por um sonho.

E foi através do sonho que o Geraldo, meu primeiro cozinheiro e braço direito, se tornou um dos maiores empreendedores que já conheci. Ele já alimentava, dentro de si, uma chama que só precisava ser mantida.

Seduzido pela possibilidade de cozinhar para a rede, treinar cozinheiros e começar algo novo, ele deixou para trás uma cozinha tradicional e apostou na inovação – e por ter comprado meu sonho, sonhado junto comigo, abraçando a ideia de uma empresa que pudesse ser o que é hoje, é que conquistou tantos resultados.

Desde o primeiro dia de operações, enquanto estávamos juntos na cozinha, eu dizia ao Geraldo que no futuro seríamos grandes.

"Já pensou quando eu estiver com dez lojas?", comentei, despertando um sorriso generoso dele, que sempre se mostrava aberto às inúmeras possibilidades que o negócio apresentava.

Logo depois, eu emendava:

"Geraldo, nós vamos crescer juntos!".

Hoje, quando o vejo, feliz, proprietário de cinco lojas, percebo como é fundamental que o empreendedor faça com que cada colaborador enxergue um sonho. Na teoria ele tem uma função, e está dedicado a ela, mas quando engajamos a família na causa e fazemos a família enxergar aquele sonho, conseguimos despertar um desejo genuíno de crescer. Em qualquer circunstância.

Motivar as pessoas para que elas tenham confiança nelas mesmas é fazer com que acionem o motor da fé. Somos produtos da nossa hereditariedade, do meio em que vivemos e crescemos e das experiências que nos conduzem a abismos escuros ou lugares iluminados. Quando conseguimos perceber que só podemos fazer algo se acreditamos que podemos, tudo fica mais fácil. Assim, nós pautamos a nossa vida e definimos onde queremos chegar. É almejando alto que chegamos ao patamar que queremos atingir. E através de pequenos passos vamos caminhando. O que importa é definir as metas e partir para a ação.

No caso do Geraldo, enquanto ele cumpria suas funções treinando os cozinheiros, percebi uma oportunidade. Uma das minhas lojas estava com problemas e eu levantei aquela questão para a família dele. Eles foram pegos de surpresa, mas abraçaram a ideia:

"Eu financio 30% do restaurante para vocês. Mas vocês que terão que administrar, tocar. Quero ver isso dar lucro", falei.

A Maria, ex-esposa, e os filhos Sidney e Daniel mostraram-se interessados. Havia uma certa magia e brilho no olhar deles, que me fazia o acreditar que, à frente daquele negócio, teriam a oportunidade de crescer.

O que aconteceu nos meses seguintes foi um verdadeiro fenômeno. Mesmo sem experiência no ramo, eles conseguiram fazer uma matemática perfeita entre o número de funcionários, reduzindo o quadro e se dedicando, com primor, àquela experiência inédita que poderia mudar suas vidas.

Conforme fui percebendo os resultados, começou outra etapa: convencer alguns franqueados ao redor daquela loja a olharem para a família do Geraldo.

Em uma das conversas com um proprietário de uma das lojas, o fiz perceber o quanto aquela família tinha habilidade. Era uma aptidão nata para lidar com pessoas. "Eles vão rentabilizar mais do que vocês estão rentabilizando", falei, sem temer as críticas.

Talvez uma das coisas mais produtivas que um franqueador pode fazer seja isso – ser honesto com um franqueado. E essa franqueza acaba gerando uma confiança inesgotável.

Todos concordaram – e colocaram suas operações nas mãos da família do Geraldo.

Naquele momento eu pulava de alegria. Estava intensamente comovido com o crescimento do meu parceiro, que tanto me ajudara no começo daquela empreitada. E, enquanto muitos, munidos de lógica, não entendiam o porquê de eu ter feito aquilo, para mim era como uma lei natural: a gratidão cria um círculo virtuoso. E a sustentação disso era vital para que eu deitasse a cabeça no travesseiro com tranquilidade.

Desde o primeiro dia de trabalho com aquele cozinheiro, que eu roubara de um restaurante chinês, sabia que tinha uma dívida de gratidão muito forte. Por mais que parecesse uma simples contratação e ele tivesse o livre arbítrio de voltar para seu antigo chefe, a maneira como ele se empenhou no China in Box e me auxiliou em cada detalhe já fazia dele um sócio.

Por isso, era evidente que eu precisava fazê-lo crescer. Desejava ansiosamente por isso. Promover o crescimento de um colaborador sempre foi uma questão de honra para mim. Não como uma premiação por um bom trabalho, mas como sinal de gratidão por uma valiosa relação conquistada.

Os japoneses costumam chamar isso de círculo virtuoso. E é uma lógica tão simples e natural em minha vida que não consigo entender qual a dificuldade de as pessoas não assimilarem isso.

Mas o óbvio é difícil de ser explicado.

Talvez a mentalidade do empreendedor tenha esse diferencial. Quanto mais as pessoas ao seu redor crescem, maior o número de empregos gerados, e o número de pessoas consumindo. E quando uma pessoa tem a oportunidade de crescer e fazer sua família prosperar, temos mais consumidores. São mais pessoas consumindo roupa, alimentação. Yakissoba. E mais cedo ou mais tarde, a lei da prosperidade volta em seu favor. Um pedacinho daquilo que foi plantado, conscientemente ou não, mas que gera uma irrefreável corrente do bem. Essa corrente do bem, ou circulo virtuoso, como os japoneses chamam, é, para mim, uma realidade que todos deveriam se esmerar em enxergar. É óbvio que quanto mais pessoas prosperam ao nosso redor, maiores as chances de prosperarmos, e enquanto alguns chamam isso de ímã da sorte, a verdade é que quando promovemos o crescimento de quem está ao nosso lado, essa energia se espalha, e essas pessoas, em sinal de gratidão, automaticamente promovem o crescimento de outras pessoas, gerando uma prosperidade sem fim.

Ao mesmo tempo, a energia que é gerada com esse quadro de positividade de pessoas engajadas em impulsionarem umas às outras, faz com que a fé se torne inabalável. E quando um sonho é sonhado junto, a probabilidade de sucesso fica bem acima da média.

O engajamento, nesse sentido, deveria ser não apenas dos cidadãos comuns, como do próprio Governo que poderia olhar para o todo com uma visão que compreendesse a dinâmica e as principais dificuldades de se começar um negócio.

Hoje, diante de um cenário desastroso no país, fica evidente que se o governo reduzisse a carga tributária e mexesse na lei trabalhista, ainda mais empregos seriam gerados. Consequentemente, mais impostos seriam arrecadados pelo governo e mais negócios sairiam do papel.

Além disso, é muito difícil prosperar durante muito tempo se a indústria não tiver como premissa fazer toda a cadeia prosperar.

DINHEIRO É UMA CONSEQUÊNCIA

Atualmente, não vejo o mundo sem o China in Box. E embora ele esteja longe de ser um império chinês, é dentro de cada loja que pulsa a alma do negócio. Quando o pedido chega, a cozinha se esmera em fazer aquele desejo se tornar realidade num piscar de olhos. E é assim que as pessoas descrevem a sensação de pedir uma comida tão saborosa em casa. A vontade chega antes. Os sentidos ficam aguçados. O sabor chega ao paladar, ainda com o pedido na loja, e a ansiedade da espera dá a tônica à refeição.

É um verdadeiro festival de cores e sabores quando o box é aberto diante da família. Muitos, práticos, que não pretendem lavar a louça numa noite qualquer, apelam para a comida em caixinha e a saboreiam enquanto a caixa solta aquele vapor.

Toda vez que abro um box de comida chinesa ainda me entrego à experiência. É inevitável e apaixonante. E, talvez, enquanto existir essa paixão, o negócio irá resistir a quaisquer tempestades que possam surgir.

Logo que abrimos a primeira unidade, lembro de um amigo perguntando quanto eu pretendia faturar. Eu dizia que o dinheiro era uma consequência e ele gargalhava tanto que chegava a se contorcer.

"Como, Shiba?! Todo mundo precisa de dinheiro!"

Tínhamos intimidade para aquela conversa, mas eu nem imaginava quanto queria faturar ou acumular, para depois fazer o caminho inverso e um verdadeiro planejamento de como atingir aquele número.

Eu só queria fazer um bom trabalho.

Hoje, vejo muitas pessoas começando negócios pensando em quanto querem faturar e depois no que farão para atingir aquele número. Eu acredito que quem tem que pensar dessa maneira é banco que mexe com dinheiro. Eles, sim, precisam se preocupar com isso.

No meu caso, a minha preocupação primordial é a de servir o cliente. E, quando foco na minha operação, com dedicação e confiança na entrega de um excelente produto, isso naturalmente gera resultados fantásticos.

Não me lembro exatamente o momento em que o dinheiro passou a fazer parte do meu dia a dia. Só sei que nada mudou desde que eu comecei a ganhar mais. Eu era o mesmo Shiba, que tocava guitarra numa banda, que bebia cerveja com os amigos e, se as cédulas de papel me trouxeram algo a mais, foi a facilidade de realizar sonhos.

Dinheiro só serve para isso – realizar sonhos.

Foi com ele que consegui conquistar a minha casa própria, o que me deu autonomia e uma sensação de conquista por poder proporcionar uma situação melhor para a minha família.

Por isso, quando fui convidado para fazer parte do time de tubarões do Shark Tank Brasil, no Canal Sony, ao lado de feras como Carlos Wisard, Sorocaba, Cristina Arcangeli, João Apolinário e Camila Farani, cada um com suas conquistas em áreas distintas, percebi o que fazia com que eu olhasse para um projeto de uma maneira diferenciada.

Como líder, minha grande responsabilidade é a de ser coerente em minhas colocações em todos os momentos. O *reality show* traz uma dinâmica que incentiva novos empreendedores a apresentarem suas ideias a nós, investidores potenciais. No entanto, a regra de ouro é encantar. E, para encantar, não bastam números.

Cada um dos empresários, com uma atividade distinta, olha para o negócio apresentado e tenta enxergar como poderia potencializar aquele negócio. Como sou do setor da alimentação, meu intuito é sempre checar o quanto consigo potencializar o negócio através de franquia, que é minha *expertise*.

Na maioria das explanações, a clareza que cada um dos novatos demonstra ao apresentar o produto já conta inúmeros pontos. Mas quando percebo que existe um negócio que pode ser franqueável, bingo!

Só que se engana quem acha que um investidor olha tudo com o intelecto. Apesar de o potencial de crescimento do negócio ajudar muito, e um negócio com uma parcela de inovação contar pontos, o ineditismo, como a pessoa imagina crescer e o que vai fazer com o recurso são informações essenciais.

Então, quando estamos prontos para fazer o cheque e arriscar, analisamos o fundamental – a pessoa.

Se existe conhecimento, entusiasmo e paixão, a combinação certa para fazer algo prosperar, a decisão é tomada imediatamente. Embora eu tenha acertado na maioria das vezes, percebo como devo também ficar atento para o fato de estarmos lidando com uma pessoa extremamente sonhadora.

Mesmo que eu seja um colecionador de sonhos, tenho uma grande experiência como observador na área do empreendedorismo e posso afirmar com convicção que quando a pessoa tem muita paixão e pouco conhecimento, acaba se tornando aquele indivíduo que não sai do lugar. Porque o mais difícil é sair do sonho e fazer com que ele aconteça. Materializar o sonho.

Mesmo com tudo em mente, muitas vezes o negócio parece atraente o suficiente para que façamos um investimento. No caso do Gourmezinho, por exemplo, uma comida *gourmet* para bebês, eu não conseguia enxergar franqueabilidade para o negócio, já que ele tinha uma cozinha central, produzia o produto, congelava e vendia. A venda acontecia diretamente para o consumidor final – o que chamamos de *B to C*.

E, quando se vende direto para o consumidor final, já houve a precificação do produto e o *business* foi feito diretamente com o consumidor. Com uma rede de franquia, ele teria que produzir, vender por um preço menor para o franqueado e esse franqueado venderia para o consumidor final. Assim, essa margem de lucratividade seria dividida – e o negócio não seria tão rentável.

Como costumo dizer, negócio bom é quando o franqueador e o franqueado estão satisfeitos – o que não aconteceria neste caso.

Mesmo assim, investi na empreitada – fui seduzido pela ideia da comida gourmet para criança, numa embalagem interessante, e percebi o brilho nos olhos do casal que apresentava a ideia. Além disso, sabia que ele estava caminhando além do sonho. Tinha lido uma matéria numa revista de grande circulação nacional sobre a iniciativa, e ele dissera que tinha um ponto na Cidade Jardim. O fato de só trabalhar com *e-commerce*, sem ponto de venda, também foi uma inovação interessante. E é isso que busco.

No caso de uma outra empresa na qual investi, a Mana, que presta serviços residenciais para mulheres, entendi que o conceito era inovador e aquela parecia uma tendência de mercado. Certas coisas, quando se apresentam, surgem como a força de um vulcão – é impossível frear e elas naturalmente chegarão a todos, mais cedo ou mais tarde.

Nesses casos, decidi dar o empurrãozinho final, principalmente para premiar sonhadores que conseguem realizar algo.

Muitas vezes o sonhador tem preguiça de ir adiante. Se ele decide investir em alimentação, perde a oportunidade de ir visitar concorrentes na hora do seu almoço, de buscar conhecimento ao longo do dia. E essa procrastinação, que vai se tornando parte do dia a dia, é o que dificulta tudo. Nada sai do papel. Ficam planos incríveis jogados no ar, que um dia serão realizados por alguém que não sonhou tanto, mas tinha a capacidade de realizar.

A capacidade de agir é o que torna o sonho viável. E essa capacidade só vem à tona quando agimos com o coração. Essa é a coragem necessária para que os sonhos sejam materializados. Os riscos sempre existirão, e a probabilidade de fracassar também é muito grande. Mesmo assim, só ganha quem se arrisca a perder tudo. Só dá um passo adiante quem entende que correr riscos controlados traz resultados controlados.

Para tudo na vida é necessário tomar decisões. E estas decisões trazem escolhas, que trazem resultados. Geralmente as pessoas ousadas arriscam mais, e quando acertam, o acerto é grande. Por isso a maioria dos empreendedores de sucesso já errou, fracassou e caiu muitas vezes. Porque se deram, de corpo e alma, naquele projeto. Porque foram corajosos a arriscarem tudo. Porque confiavam naquilo que acreditavam e aquela crença os levou a arriscar, mesmo sabendo que os fatores externos não eram os melhores.

A capacidade de realização do indivíduo pode ser medida através da sua loucura. Só aqueles que saem do senso comum conseguem ter resultados brilhantes. E, antes disso, muitas vezes, são tido como loucos. Mas o extraordinário chega quando damos um passo que nunca foi dado.

Já vi muita gente reclamando que queria mudar a vida, mas tinha medo de sair do emprego. Pessoas que estavam insatisfeitas com suas situações atuais, mas só reclamavam e nada faziam de efetivo para transformá-las.

Num emprego formal não se corre tantos riscos. E empreendedores convivem diariamente com medos e ameaças. Na maioria dos casos investem todo o dinheiro que têm – e que não têm. Mas o que pode levar uma pessoa a cometer essa aparente loucura?

No meu caso, eu carregava tanta certeza que não havia como não arriscar, e sempre digo que só se adquire essa convicção quando buscamos conhecimento. E, embora nunca comecemos um negócio sabendo tudo sobre ele e suas variáveis, também é comum vermos pessoas que detêm um grande conhecimento, mas não sabem por onde começar – a tal paralisia por análise.

Hoje a informação é democrática – todos têm acesso a ela, e de forma rápida. Então, é importante, acima de tudo, começar. Independente de crise ou de qualquer outra coisa. Se você está com o negócio na mão, e tem o capital ou como consegui-lo, o ideal é começar já. Se não, amanhã, outra pessoa começará em seu lugar.

CONEXÃO SEM TECNOLOGIA

Algumas lembranças nos fazem perceber o quanto a tecnologia avança em uma velocidade galopante. Lembro-me de quando criança estar na sala de aula dentro do meu colégio, e a professora entrar com um mimeógrafo, um aparelho que fazia surgir folhas com palavras impressas. O cheiro do álcool na sala, a tinta azul nos dedos quando pegava a prova que ainda não tinha secado. A sensação era de fazer parte de algo novo. Eu ficava extremamente impressionado com aquilo.

Há alguns dias estava gravando mais um episódio do Shark Tank Brasil e um dos *startups* surgiu com a ideia de um *drone* inteligente. Eu logo perguntei se ele faria entregas e comecei a imaginar o futuro. Esse mistério em torno de como os processos podem ser facilitados me fascina – embora muitos empresários fiquem assustados.

Já estive em pizzarias que faziam pizzas sem nenhum funcionário, eram cozinhas totalmente automatizadas onde a massa cai, um prensador amassa, os ingredientes são separados mecanicamente e ela é levada ao forno, sem que ninguém coloque sequer uma azeitona.

Embora eu seja fascinado por inovação, acredito que processos dentro de uma cozinha ainda deverão ser manuais – pelo menos dentro das minhas cozinhas. Sei que num futuro próximo teremos que nos reinventar trazendo o que há de mais inovador no mercado quando o assunto for entregas, e que a inteligência artificial, que já permite que bicicletas cheguem na sua casa sem ninguém pedalar, e carros te guiem sem motoristas, será útil em muitos aspectos. Mas mão de obra humana sempre vai ter aquele diferencial.

É através da humanização dos ambientes que consigo promover a paz dentro dos estabelecimentos. É com gratidão e empatia que lidero minhas equipes. E acredito que nada pode substituir o olho no olho, o aperto de mão e um agradecimento sincero.

No Japão, certas empresas engajam os funcionários com a prática das celebrações diárias. Todos os dias, quando chegam no local de trabalho, eles agradecem – agradecem pela saúde que os fez estarem de pé, pelo trabalho, pela comida que os alimentará – e é através dessa energia de gratidão que se conectam verdadeiramente. A verdadeira conexão não tem *wifi* que substitua.

Uma conexão real entre líder e colaborador pode transformar qualquer relação. Como franqueador sempre prezo por ser a referência e, desta forma, meu discurso sempre está alinhado à minha atitude. À medida que faço o que peço que os outros façam, as pessoas automaticamente se inspiram e moldam o comportamento pautadas em valores como cordialidade, ética e educação – pilares do meu negócio.

Sempre fui do tipo curioso. Inconformado, gosto de experimentar novidades, olho o que pode ser melhorado e sou um faminto por excelência em processos. Conforme desperto a curiosidade das pessoas no meu negócio, construo e transmito meus valores e visão. E trago todo mundo para o mesmo jogo.

Durante anos, muitos perguntaram qual era o elemento chave da minha trajetória, o que tinha feito com que eu chegasse onde cheguei. Hoje, vinte e quatro anos depois de dar o pontapé inicial, vejo o quanto foi primordial criar uma mentalidade de sucesso dentro do meu negócio. Mas, para criar essa mentalidade, é preciso fazer cada um pensar. Pensar no processo como um todo, pensar nas causas e consequências dos próprios atos – e não simplesmente delegar ou dar ordens.

Lembro-me certa vez quando estava diante de um cozinheiro que, sempre que terminava um prato, jogava fora o que sobrava no tacho.

Quando percebi essa atitude pela primeira vez, fiquei observando para notar se aquilo se repetia e, depois da terceira vez consecutiva, olhei para ele e perguntei: "Sabe os seus amigos do Nordeste?"

Ele parou de cozinhar e me fitou com o olhar. Não sabia o que eu diria, mas havia um profundo respeito entre nós. E eu sabia que não adiantaria dar uma bronca qualquer e gerar raiva. Eu precisava fazê-lo entender onde eu queria chegar.

Ele acenou com a cabeça e eu continuei. "Muitos deles chegaram aqui dizendo que já passaram fome antes de vir para cá. Certo?"

Enquanto eu falava, ele se concentrava em cada uma das minhas palavras. Era uma relação que valorizava a dignidade de ambos.

"Então. Toda vez que você termina um prato, joga um pouco fora. Tenho notado isso. Eu gostaria de propor algo: pegue um pratinho, deixe ao lado da panela e toda vez que for jogar fora, coloque no pratinho. No final do dia me diga quantas famílias você consegue alimentar com essa refeição que jogaria fora".

Ele pegou o pratinho e descartou o restinho da panela. Nas cinco vezes seguintes que o fez, viu o prato encher. Admitiu que aquele desperdício era inadmissível, mas a maneira como eu tinha feito com que ele se conscientizasse fizera toda a diferença. Ele havia assimilado de maneira diferente. E isso só acontece porque eu sempre trato as pessoas da maneira como gostaria de ser tratado.

Nunca dei ordens na minha cozinha. Sempre propus uma reflexão. Acredito que o fato de se colocar no lugar do outro – em detalhes aparentemente insignificantes, como o bom-dia, o agradecimento, a despedida. São detalhes que fazem uma diferença brutal em qualquer relacionamento.

E, a partir do momento que começamos a praticar isso, se colocando no lugar de clientes e colaboradores, investimos para melhorar o processo. Certas vezes, quando havia alguma inovação em jogo, eu compartilhava a necessidade do consumidor com meus colaboradores e perguntava a eles se, como consumidores, iam gostar daquilo. Em outras ocasiões, quando um cozinheiro fazia um determinado pedido, eu me perguntava: "Será que assim podemos ganhar tempo e produtividade?"

E, desta forma, sempre caminhamos juntos.

No entanto, hoje a contratação de funcionários está cada vez mais difícil. Pessoas acreditam que em um ou dois anos estarão em cargos de chefia e vivem a era da velocidade. Insatisfeitos, não são gratos pelo trabalho, e essa angústia constante em ser alguém ou ser mais do que são os faz ansiosos.

Geralmente, são filhos de pais que lutaram, e já nasceram numa realidade onde não precisaram lutar por nada. Na maioria das vezes, ainda desvalorizam o esforço dos pais em se dedicarem ao trabalho.

Em uma das conferências do China in Box, trouxemos esse assunto para a pauta e ele foi discutido por profissionais da área. Eles alertaram que muitos negócios irão durar cinco anos e depois terão que se reinventar para atender a demanda de pessoas que querem tudo muito rápido, enjoam e logo querem trocar.

Como a busca por informação é frenética, estamos lidando com uma geração extremamente superficial que não se aprofunda nem tem constância. O resultado é que as pessoas nunca estiveram tão inseguras e insatisfeitas, chegando num patamar preocupante e mundialmente alarmante.

Então, quando me perguntam sobre tecnologia e mão de obra humana, minha resposta é que é impossível frear os avanços tecnológicos, mas não há nada que substitua a verdadeira conexão humana.

Se estivermos preparados e aptos para lidarmos uns com os outros, como seres humanos de carne e osso, com nossa melhor energia, deixando transparecer emoções e vivendo harmoniosamente, nada pode nos deter.

Porque, por mais preparadas que sejam as máquinas, nenhuma delas é capaz de fabricar a paixão, traduzir a alegria e intensificar a sensação de gratidão.

E isso é o que há de mais valioso na vida de um homem.

UNIR

DESFAZENDO O NÓ E COSTURANDO AS PONTAS

Um dos meus maiores mentores, Howard Schultz, fundador da rede Starbucks, diz que o sucesso é vazio, se você atingir a linha de chegada sozinho.

Eu estava longe de atingir a linha de chegada e nem tinha a percepção clara de que estava sozinho. No entanto, não há como fugir de certas verdades absolutas – e uma delas é a de que a mulher sempre tem razão. Aqui em casa, pelo menos, o voto de minerva sempre foi da Márcia. Sua sensatez e absoluta coerência me trazem reações controversas. Embora muitas vezes eu relute em aceitar sua posição, tão contrária à minha, é ela quem promove o contraponto para que nossa vida ande nos eixos.

E, mesmo antes de ela comandar as finanças no China in Box, era ela quem me fazia o alerta de que algo estava fora dos trilhos. Era através de seus olhos que eu enxergava o que não conseguia ver. Se eu era o responsável por dar vida aos sonhos, ela cuidava para que estes sonhos fossem perenes e sobrevivessem à rotina. Como ela mesma dizia, era com a rotina que consolidávamos aquilo que havia sido conquistado – e eu não era nada habilidoso com a rotina.

Suas provocações contrastavam com as minhas opiniões e esse contraste, promovido sempre que eu dava um passo maior, não evidenciava apenas o quanto éramos diferentes, mas principalmente o quanto éramos complementares e essenciais na vida um do outro.

Se hoje, depois de 22 anos no comando das finanças do China in Box, ela ainda traz reclamações perturbadoras sobre meu comportamento financeiro, eu posso afirmar categoricamente que, se ela não estivesse ao meu lado, controlando as operações com determinação, eu poderia ter deixado escapar, entre os dedos, algumas das minhas maiores conquistas. Se é que elas teriam se mantido por tanto tempo.

Na dúvida, prefiro acreditar na máxima de Schultz: seria vazio demais cruzar a linha de chegada sozinho.

Seu ingresso no China in Box se deu após uma daquelas desavenças familiares tão conhecidas pelos homens de negócios que passam muito tempo fora de casa. Meu tempo era todo ocupado pelo negócio. Eu estava crescendo, vendendo lojas, abrindo novos restaurantes, formando uma rede de franquias. Era o caminho que eu havia escolhido, não tinha como dar meia volta.

Mas eu estava consumido pela experiência de crescer. Aquilo me fascinava e me deixava entretido 24 horas por dia. Eu respirava trabalho e transpirava a emoção de estar conseguindo concretizar um sonho.

Naquela noite em especial, entrei em casa depois de um longo dia de trabalho. Não sabia se ela ainda estaria acordada, já que muitas vezes colocava o Rafael, já com três anos, para dormir e se embrenhava no sono.

Entrei em casa tentando não fazer barulho, como de costume, e assim que acendi a luz do corredor, vi que ela estava me esperando. Sabia que aquela seria uma longa noite. Nossas conversas demoradas, quando nos encontrávamos, estavam difíceis, e inconscientemente eu evitava tais embates para não me indispor.

Quando a encarei, percebi que conhecia aquela expressão. Era a expressão de quem amargava uma sensação antiga. Ela não parecia ter nenhum roteiro premeditado. Aquilo era, de fato, um apelo sincero. Mas as acusações eram sérias e eu, que acreditava que estava num momento decisivo da minha vida, não havia me dado conta de que minha dedicação ao negócio comprometera tanto meu relacionamento.

"Pra você tudo gira em torno do China", ela esbravejou.

Sua atitude era, decididamente, para me acordar para o fato de que, se continuássemos no caminho que estávamos, nossa relação ficaria abalada e os danos seriam irreparáveis.

Observei seus olhos. Eles gritavam, mesmo quando ela estava em silêncio. E, embora a Márcia não fosse uma pessoa explosiva, parecia que aquela situação estava insustentável a ponto de despertar uma explosão.

"Nós não nos vemos mais", ela continuou depois de um silêncio cortante: "Você trabalha o tempo todo. Nem lembra que tem esposa e um filho. Eu e o Rafael estamos sozinhos".

Meu peito parecia explodir com aquela frase. Ela e o Rafael eram tudo que eu mais amava na vida. A razão pela qual eu levantava todas as manhãs e seguia determinado na conquista do meu sonho.

Enquanto tentava assimilar aquela afirmação, percebi que eu já estava habituado à nova rotina de dedicação quase exclusiva ao trabalho, e não fazia a mais vaga ideia de que minha ausência estava sendo sentida com tanta intensidade.

Talvez o envolvimento com os processos me mantivesse ocupado o suficiente e, como eu me dedicava de corpo e alma ao trabalho, não sentia que os pratos estavam todos caindo no âmbito pessoal.

Minha primeira reação foi tentar fazê-la entender. Em vão. Ela dizia que não tínhamos mais uma convivência familiar, que estávamos nos afastando gradativamente. E, para um homem que preza o respeito à família e se esmera para ser um bom pai e parceiro, aquele golpe foi certeiro.

Mesmo assim, eu não sabia o que fazer. A única certeza que tinha era de que não iria abrir mão da minha família. Ao mesmo tempo, sentia-me vivo como nunca no comando das operações do China. Mas conciliar tudo, principalmente enquanto estávamos em franca expansão, tornava-se praticamente impossível.

A resposta veio, sem que eu planejasse.

"Estou fazendo isso por nós. Estou fazendo isso por vocês".

Era assim que eu me sentia em relação a tudo. Acreditava que aquele período de investimento de tempo seria fundamental para que no futuro desfrutássemos, juntos, do conforto que merecíamos.

Enquanto eu terminava a frase, seus olhos se enchiam de raiva. Sem alterar o tom de voz, mas com uma intensidade em cada palavra, ela finalizou a discussão, carregada de emoções, com uma intensidade que eu não esperava:

"Você não está fazendo isso pela gente. Você está fazendo isso por você".

Outro golpe certeiro.

Respirei fundo. Revi mentalmente toda nossa trajetória. Nossa história era de uma beleza incomparável e não podia ser perdida.

Dizem que, em algumas tribos indígenas, quando algo sai fora da rota e alguém faz algo que não condiz com suas principais virtudes, toda a tribo se reúne em volta dessa pessoa e entoa uma canção – a canção do nascimento dessa pessoa, que foi criada pelos seus pais, que insistentemente a cantavam quando o bebê nascia, até completar maioridade.

Essa canção, quando relembrada, fazia com que aquela pessoa resgatasse a própria essência.

Minha essência havia se perdido? A essência do amor, dentro do nosso relacionamento, já não era mais a mesma?

Numa tentativa desesperada de buscar aquela doçura, que nos unia através das palavras desde o dia que nos conhecemos, parei para enfrentar aquela dura realidade – e tentar resgatar nossa história. Desde quando estávamos tão afastados a ponto de termos discussões duras como aquela?

A verdade era que a falta de convivência havia criado um abismo entre nós dois. E eu sabia que para resgatar aquele amor e reconstruir o que tínhamos, precisava agir.

Mas como?

Era uma pergunta difícil de ser respondida. Aquele era um dos poucos desafios que me deixavam desnorteado.

A Márcia tinha o poder oculto de me desafiar. Em todos os sentidos.

Lembrava-me da primeira vez que trocamos olhares, enquanto saíamos com um grupo de amigos. Tínhamos uma turma muito grande, eu acabara de voltar dos Estados Unidos e, assim que nos falamos pela primeira vez, notei que ela era diferente. Não só de todas as outras mulheres como de mim.

Sem perceber, eu estava apaixonado. E, quando engatamos um namoro, ninguém daquela turma apostaria que nosso relacionamento fosse se tornar tão duradouro. Éramos diametralmente opostos. O Robinson era aquele típico jovem que adorava tocar violão, boêmio, cheio de sonhos, ideias de conquistar o mundo. A Márcia, uma moça séria, determinada, organizada em sua rotina e seus pensamentos, de uma doçura incontestável.

Talvez por isso a nossa primeira conversa séria de fato tenha vindo alguns meses depois de nos conhecermos, quando ela me olhou e disparou a frase: "Estou grávida".

Tive o ímpeto de sorrir – talvez de nervoso – mas ela estava com uma inquietude preocupante.

"Robinson, você não percebe? Meu pai vai me matar!"

O pai dela era daqueles homens bravos e controladores – parecia um verdadeiro general japonês. E embora ela fosse a filha mais velha, saber que sua única filha mulher engravidara antes de se casar talvez não fosse a notícia que ele desejasse ouvir.

Além disso, ela tinha o sonho de ser independente – confidenciava que ficava apavorada com a possibilidade de depender de alguém enquanto adulta, já que sempre via sua mãe justificar cada centavo que pegava da carteira do pai. Com a gravidez, tudo aquilo vinha à tona e estava em jogo. Sua independência, seus estudos. E não saber como ele reagiria era um fator desconcertante. Ela não suspeitava que nada inviabilizaria sua independência ou seus sonhos, mas quem, aos vinte anos, sabe como pode ser o futuro, quando a vida embaralha as cartas e apresenta um novo jogo?

Naquele dia, ao contrário da noite em que eu hesitei diante de sua preocupação, não tive dúvidas sobre a resposta: "Eu vou lá e falo com ele".

Ela não acreditou que aquilo poderia dar certo. Mas acabou concordando. Em questão de dias lá estava eu, dentro da casa de seu pai, pedindo a mão da Márcia em casamento. Claro que ele não retribuiria ao meu sorriso, e entraria para o *hall* das poucas pessoas que eu não tinha facilidade de conquistar. Sua expressão séria só comprovava isso. Mas nem a carranca mais brava seria capaz de resistir a um recém-nascido. Assim que viu seu neto pela primeira vez, ele abriu o sorriso contido e se deu por vencido. Ali nascia também uma parceria para toda a vida.

Durante a gravidez da Márcia, nos virávamos como podíamos para driblar a distância que nos separava. Como eu ainda estudava em Bragança e ela morava em São Paulo, nos víamos aos finais de semana quando eu a visitava, ou quando ela pegava o ônibus rumo a Bragança. Na época, ela fazia a faculdade pública Getúlio Vargas e estagiava na Secretaria do Planejamento. E, assim, levamos nossa relação até nos casarmos e nos mudarmos justamente para a casa de seus pais, que nos abrigariam por alguns meses até depois de o Rafael nascer.

Minha formatura estava prevista para dezembro e tudo parecia ir conforme planejado. Eu já lidava com a ideia de ter um filho de maneira natural, e estava vibrante com o desenrolar dos fatos.

Assim que coloquei as mãos no diploma, meu filho nasceu.

E, mesmo dentro dessa caótica desorganização, provocada por um casal de personalidades distintas, encontrávamos o equilíbrio. Um equilíbrio que parecia ser a ordem natural das coisas.

Com essa tranquilidade, ambos encaramos o nascimento do Rafael e, logo que ele completou três meses de vida, já era hora de a Márcia voltar à sala de aula. Rafael parecia perfeitamente adaptado à vida dos pais e, graças à avó materna, que nos ajudava com os cuidados, voltávamos à nossa rotina de trabalho e estudos.

Em paralelo, eu já cogitava abrir o China in Box, mesmo que a Márcia considerasse algo improvável de acontecer, já que ela me via como dentista, formado, já com consultório montado. E me alertava sobre os riscos de se jogar de cabeça numa nova empreitada.

Sua quietude e mansidão contrastavam com meu jeito destemido de ser e, enquanto eu me jogava no campo dos sonhos, sem medo de arriscar tudo numa única parada, ela calculava cada passo com destreza.

Mas foi só o China in Box sair do papel para ela mudar sua visão do negócio. Como estávamos vivendo um período mais tranquilo de nossas vidas, no qual ela tinha um bom emprego no banco, plano de saúde e benefícios, via tudo como um risco calculado.

Como ela mesma dizia, o pior já tinha passado. Ainda não tínhamos estabilidade, mas já desfrutávamos de uma vida mais independente. Pagávamos nossas contas, sustentávamos nosso filho e arcávamos com as despesas do apartamento onde morávamos.

Assim, logo que as operações começaram, nossa rotina foi se ajustando. Eu ia dançando conforme a música. Como podia fazer meu horário, eu era o encarregado de levar o Rafael ao berçário e buscá-lo. E vez ou outra o pegava no meio da tarde, para que ficasse comigo na loja. Era a saudade falando mais alto.

Mesmo assim, não era sempre que assumia essa responsabilidade, já que, como bom faz-tudo, eu também saía de madrugada para fazer compras para a loja algumas vezes por semana.

Conforme o tempo foi passando, fomos nos acomodando à rotina que o trabalho exigia – e acabamos acomodando também o colchãozinho do Rafael debaixo da escada, onde ele dormia tanto nos finais de semana quando ela me ajudava na loja, quanto nos dias em que eu o tinha por perto.

Então, três anos depois, estávamos eu e ela naquele impasse provocado pela minha ausência.

Durante nossa discussão, depois de resgatar na memória *flashes* da nossa vida a dois, a única coisa que me passava pela cabeça era: "Tenho que trazer minha família para perto de mim".

A lógica era clara. E como se aquele enigma já estivesse solucionado há tempos, perguntei: "Por que você não vem trabalhar comigo?"

Aquela pergunta ecoou na sala e resgatou o silêncio logo depois. Percebi que tinha feito com que ela refletisse – se, por um lado, eu não conseguiria me afastar da rotina do trabalho que exigia cada vez mais de mim como líder e responsável por tudo, eu também estava num momento chave, onde precisava de alguém de extrema confiança para ser meu braço financeiro, e não havia pessoa no mundo melhor do que ela para assumir tal posição.

A Márcia tinha um histórico profissional invejável. Acabara de sair do banco, tinha investido numa perfumaria com uma amiga no bairro do Itaim, mas estava insatisfeita com seu negócio. Em questão de horas nosso problema familiar estava resolvido. Ou, melhor, prestes a se resolver.

Logo que ela efetivamente botou a mão na massa – mesmo sem entrar na cozinha, coisa que ela não fazia nem quando estávamos em casa – era como se a peça que faltava na engrenagem tivesse sido encaixada. Seu talento para os negócios era excepcional e sua habilidade com números superava as minhas expectativas.

Como casal, crescíamos – o excesso de convivência era mais saudável que a falta dela – e, desta forma, ela começava a entender o funcionamento do negócio, e perceber como nossa vida de casal seria incompatível, caso não trabalhássemos juntos. Aquela empreitada exigia extrema dedicação, e a minha presença, como fundador e idealizador do projeto, era essencial em todos os momentos.

Sua postura determinada e organizada colocou ordem na casa. Se antes de sua chegada as finanças da empresa eram bagunçadas, já que todos da família mandavam as contas pessoais para a empresa pagar e ninguém tirava salário, sua presença trouxe profissionalismo e uma mudança radical nos processos.

Foi justamente nessa época, quando começamos as franquias, que os franqueados começaram a exigir mais de nós – e foi então que entendemos que sua colaboração era vital.

Depois de tantos anos trabalhando juntos, consigo ter um discernimento claro de que quando trazemos a família para perto do negócio, tanto o relacionamento profissional quanto pessoal ganham em qualidade. Se hoje existe uma grande e crescente preocupação dos executivos em buscar esse equilíbrio, afirmo que, quando começamos um novo projeto, a palavra "conciliar" está riscada do dicionário. É inevitável que coloquemos toda a nossa energia e dedicação no trabalho para ver resultados e prosperar. Mas a prosperidade financeira não justifica um insucesso matrimonial ou familiar. A solução talvez seja levar para perto, desatando os nós familiares e costurando as pontas, para engajar toda a família dentro do sonho e, desta forma, torná-lo ainda maior.

Quando estamos todos dentro do mesmo barco, todos conseguem chegar mais longe.

Depois desse dia caótico que culminou numa grande decisão, o China acabou virando uma extensão da nossa casa. A Márcia entendia, de fato, como eu era exigido pelas pessoas que confiavam no negócio e, com isso, ganhamos um novo gás.

Aos poucos, ela foi engajando os membros de sua própria família – como seu pai que, nessa altura do campeonato, já era meu sócio em uma das lojas.

Por isso, hoje, quando entrevisto pessoalmente um franqueado, logo pergunto sobre sua família. A questão primordial é saber se a esposa está de acordo com a aquisição, se apoia, e qual a idade dos filhos. É importante destacar que, no início, não haverá finais de semana nem tempo livre para ficar com as crianças e que eles terão que se dividir no restaurante.

Alguns perdem o desejo de prosseguir com o negócio a partir disso e desistem. Mesmo assim, não vendo nenhuma ilusão. Quando as expectativas estão alinhadas, a probabilidade de que não haja frustração é maior. E a frustração pode envenenar qualquer receita de sucesso.

Para quem sonha em ter finais de semana livres, a fórmula pode ser outra, como buscar um gerente ou braço-direito que possa ter um percentual das vendas. Dessa forma, os finais de semana e as férias podem ser garantidas. E isso não tem preço que pague.

Como diz o ditado: "Se quer ir rápido vá sozinho, se quer ir longe, vá acompanhado".

Eu preferi chegar mais longe. E você?

FIO BEM AMARRADO

Logo que fui convidado para fazer parte do elenco do Shark Tank Brasil, programa no canal Sony que conecta investidores a projetos, percebi que era hora de dar um passo em outra direção. Como líder, estou habituado a inspirar pessoas através da minha conduta, e sei do peso da responsabilidade em cada ato ou palavra que eu proferir. Na televisão – com a imagem exposta – isso se intensifica numa dimensão que não controlamos. E eu não sabia se estava preparado para o ônus e o bônus que tal exposição poderia trazer.

Muitos dizem que as pessoas que fazem parte da família China in Box são meus "seguidores". Eles acabam ingressando no negócio motivados e inspirados pelo meu jeito de engajá-los no sonho e apostam todas as fichas quando os faço sentirem-se confiantes. Essa responsabilidade de ser líder e guia coloca-me numa posição onde devo ser extremamente coerente e coeso o tempo todo.

Então, surgiu o convite. Relutei. Já havia assistido a versão norte-americana do programa e não sabia o que se passava nos bastidores. Minha primeira pergunta era se os investimentos eram de verdade. Não sabia se eram simulações para mostrar como se faz uma boa negociação, ou se os investidores tiravam dinheiro do bolso para colocar naquilo que acreditavam. E quando descobri que tudo acontecia da maneira como ia ao ar, entendi minha parcela de responsabilidade. Era mais que investir em novos negócios. No ar, eu mostraria meu jeito de agir, de pensar, de interagir com o dinheiro e com as inovações. No ar eu poderia mostrar às pessoas aquilo que elas ainda não conheciam sobre mim.

Já tinha feito uma palestra, num evento chamado Day 1, promovido pela Endeavor Brasil. Naquela palestra, onde contava parte da minha história em apenas trinta minutos, senti que era hora de corresponder a um pedido antigo dos franqueados, jovens empresários e executivos, e mostrar o meu jeito de liderar. A palestra foi um verdadeiro sucesso: na internet tinha sido assistida quase um milhão de vezes, número infinitamente superior às outras do mesmo evento. E aquilo queria dizer alguma coisa.

Assim que comecei a dar entrevistas, percebi o que era: as pessoas estavam cansadas do velho modelo de falar sobre negócios. As pessoas queriam histórias de verdade, que as inspirassem, sem palavras rebuscadas ou processos. Elas queriam entender como quem chegou lá tinha trilhado aquele caminho. E eu falava abertamente sobre minhas dores e conquistas. Eu me conectava com elas.

Essa conexão verdadeira, de quem se mostra, de quem expõe a alma, mais do que os números da planilha, fazia total diferença. E o fato de eu ser eu mesmo, sem tentar parecer mais culto, refinado ou preparado, deixava as pessoas mais à vontade para serem quem elas eram. Elas percebiam que qualquer um podia chegar onde eu tinha chegado.

Ao mesmo tempo, a Márcia me puxava a orelha – como quem quisesse que eu acordasse. Ela dizia que não era só um bom discurso e carisma que faziam os negócios darem certo. E, sedento por compartilhar minha experiência, eu não podia cometer o erro de não transmitir exatamente o que funcionava para que os negócios prosperassem.

Segundo ela, a primeira coisa que eu deveria deixar clara era que, para que um empreendimento desse certo, ele dependia de uma boa relação de valor, um bom trabalho e um nicho de mercado. Assim como eu, ela acreditava que a sorte era muito importante no momento em que se criam as coisas, mas não atribuía à sorte qualquer resultado financeiro. O dinheiro vinha do trabalho duro e da conjunção de inúmeros fatores. E, mesmo assim, eu tinha a certeza de que as fórmulas que tinham dado certo no passado não eram suficientes hoje para que trouxessem os mesmos resultados. Era necessário se reinventar dia após dia.

Desta forma, quando aceitei o convite para participar do programa, sabia que ia, acima de tudo, relacionar-me com outras pessoas que faziam negócios de maneiras distintas e aprender com elas, além de transmitir os valores e premissas do que eu aprendera com vinte e oito anos de trabalho no China in Box.

Enquanto a Márcia dizia que era bom eu dar passos calculados, resolvi arriscar. Sou o tipo de pessoa que não tem a palavra "arrependimento" no vocabulário. Acredito que, se estamos intensamente engajados em algo, aquilo vai trazer algo, mesmo que seja uma derrota temporária. E, para cada derrota, temos que considerar o que é válido – a experiência e o aprendizado. E, desta experiência, viriam outras que me moveriam ainda mais. O movimento e a mudança, inimigos da inércia, colaboram sempre para o sucesso de um negócio.

Só que participar do programa como investidor seria ousado. Eu precisaria analisar, diante das câmeras, as propostas de *startups*, projetos e empresas, e definir se investiria em alguma delas, negociando em tempo real.

Enquanto meu coração dizia que sim, era hora de fazer algo diferente, a razão me mandava compartilhar a proposta com as pessoas que faziam parte do meu círculo de confiança. E esse círculo era composto de pessoas que estavam no meu caminho desde muito antes do China começar.

Uma das primeiras pessoas que me veio à mente foi o Sadaki. Era comum que eu compartilhasse com ele algumas decisões. Sabia que seus *insights* eram poderosos e seus conselhos sempre me faziam refletir, assim como os da Márcia.

Eu ainda era um menino quando conheci o Carlos Sadaki. Tínhamos uma grande afinidade e a confiança estabelecida excedia os limites da amizade. Era a palavra e o olhar em primeiro lugar, sempre que cruzávamos um com o outro. Quando crescemos, nossos caminhos se desviaram em direções opostas, mas a vida se encarregou de cruzá-los novamente.

Quando ainda trabalhava no departamento de marketing da Sakura, fabricante de molhos, ele trouxe a ideia, bem elaborada como só ele sabia fazer. O Sadaki queria inventar uma espécie de sushi bar onde, além de comida japonesa, vendêssemos produtos da culinária oriental. E ele queria fazer isso bem longe do bairro da Liberdade – sua proposta era entrar de cabeça no shopping Morumbi, lugar bem frequentado por empresários e profissionais que saíam de seus prédios comerciais na zona sul para almoçar.

A aposta parecia interessante. Pioneira. E o nome Gendai era um tempero a mais – em japonês significa "tempos modernos". Era tempo de inovar e logo em seguida traríamos o primeiro *fast food* de comida japonesa – algo pioneiro no país.

A receptividade foi tão positiva que os *sushimans* pareciam verdadeiros artistas diante do público, ganhando notoriedade no shopping, onde finalizavam os pratos de uma maneira única. A partir do sucesso do negócio, seguimos um plano de expansão. Em poucos anos conquistamos outros shoppings, investimos em treinamento para formar sushimans habilidosos e apelávamos para a rapidez no preparo – nosso principal diferencial competitivo.

Logo que o modelo caiu nas graças do público, o Gendai trouxe, literalmente, os tempos modernos para o Brasil. A franquia expandiu, adotamos o sistema de *delivery* até, em 2008, efetivarmos a fusão da empresa com o China in Box.

E, se naquele momento eu me aconselhava com ele sobre me tornar um tubarão, era porque ele entendia de peixe como ninguém. E, naquele mar, ele achou que eu deveria mergulhar.

Mas o Sadaki não é o único a me apontar caminhos quando me vejo em situações nas quais preciso de outras opiniões. Quando fiz dezessete anos, alguns amigos da turma, além de minha esposa, participaram de um grupo de escoteiros – a turma do Caramuru. E embora eu não tenha participado, por não ter o perfil de estar sempre alerta, a confiabilidade que eles me transmitiam me deixava numa zona de conforto nada perigosa. E isso os fez ganharem minha confiança instantânea. Somos amigos, parceiros de trabalho e pessoas que, acima de tudo, respeitam as opiniões uns dos outros, o que nos faz compartilhar dúvidas e inquietações.

Hoje todas as decisões que tomo são baseadas no que colho de opinião dentro destes grupos. E vejo como fundamental tê-los por perto, já que acaba sendo uma forma de alívio quando exteriorizo preocupações e assumo novas responsabilidades que podem impactar as pessoas que fazem parte da minha convivência social e profissional.

Eu acredito que um círculo de confiança transforma qualquer ambiente em um lugar seguro. Para um empresário, não basta ter laços profissionais e de amizade. O ideal é que sejam fios bem amarrados, que não se desfaçam nem se rompam com facilidade, mas que possam ser desfeitos sem que ninguém se sinta amarrado.

E por mais que muitas vezes a sinceridade possa doer e ser intimidante, é desse tipo de ambiente que o China in Box precisa, se quiser preservar o entusiasmo e comprometimento de cada um de seus colaboradores que confiam no meu trabalho. Um ambiente no qual a confiança é a base de qualquer negócio.

YIN YANG

Yin e Yang é um princípio da filosofia chinesa que explica que duas energias opostas podem ser complementares. Segundo os chineses, o mundo é composto por forças opostas e achar o equilíbrio entre elas é fundamental. O Yin seria o princípio passivo, feminino, e o Yang o princípio ativo, masculino.

Assim que decidimos criar o logotipo do China in Box, tínhamos a premissa de que não queríamos, em definitivo, nada que fizesse menção a qualquer símbolo chinês. Mesmo assim, tenho que admitir – essas polaridades estiveram presentes na história do China durante muito tempo.

A primeira vez que notei isso foi quando a Márcia e eu começamos a trabalhar juntos. Enquanto eu era a pessoa que abria portas, sonhava, conquistava e tentava alçar voos maiores, era ela quem nos mantinha firmes no chão, com a solidez necessária para o negócio continuar existindo.

Para sonhadores que vivem se aventurando nos negócios, a rotina não é exatamente sedutora – e ela sempre me consumiu. Mas, sem a inevitável rotina, não teríamos consistência. E a responsável por esta consistência é minha esposa, que traduz, em uma rotina impecável, tudo aquilo que é fundamental para que o negócio exista.

Se eu e meu filho Rafael somos do tipo desorganizados, que perdem tudo, inclusive o documento do carro, ela e a Sabrina, nossa filha mais nova, são extremamente metódicas e gostam da praticidade. Coincidentemente, enquanto o Rafael nasceu num período em que não sabíamos sequer o que faríamos na manhã seguinte, a Sabrina nasceu dez anos depois, num período em que toda nossa rotina estava devidamente organizada.

Costumamos brincar que o Rafael dormia dentro da gaveta e a Sabrina, em berço de ouro. Mesmo sem passar por perrengues financeiros, ela viu sua mãe partir para o trabalho quando ainda tinha duas semanas de vida. A Márcia nunca foi do tipo que gostava de ficar parada – e quando nossa filha completou três meses, ela começou a ficar no berçário em período integral.

Rígida nos limites, a Márcia sempre teve a voz de comando dentro de casa (e fora dela) – e mesmo quando eu tentava aliviar para as crianças, ela destacava que eles deveriam aprender a assumir responsabilidades. Foi assim que aprenderam a acordar cedo e a fazer a lição de casa sozinhos.

Mas não foram só as crianças que ela educou com rigor – também aprendi lições para toda a vida através de seus ensinamentos. É com as instruções da Márcia que eu coloco o pé no freio quando estou indo rápido demais. Enquanto eu avanço, ela filtra. Principalmente porque acredita que eu faço novos amigos com muita facilidade – e isso nem sempre é positivo para uma pessoa como eu, que está sempre comprando ideias que são oferecidas em todos os lugares.

Mesmo assim, minha vida social não mudou muito desde que comecei a trabalhar. Mantenho os mesmos amigos desde quando morava na Cidade Ademar – e, depois que cresci profissionalmente, a blindagem se fez necessária apenas no âmbito legal. Evidentemente, é raro que eu estabeleça vínculos sólidos de amizade com pessoas que acabo de conhecer, mesmo porque não sou do tipo que separo trabalho e vida pessoal.

Muita gente reluta em trabalhar com a família, principalmente pelo estresse aparente de estar num churrasco e ser obrigado a tratar de assuntos que deveriam ser tratados numa sala de reuniões. Por isso, desenvolvi um dom natural de, quando estou em momentos de lazer, não tocar em assuntos profissionais.

E essa regra deve ser constante, principalmente porque muitos dos que trabalham comigo estão constantemente ao meu lado enquanto pratico meus *hobbies*. Uma vez por semana ensaio com a banda na qual toco guitarra – e muitos integrantes da banda são pessoas que trabalham ao meu lado. Também jogo tênis com amigos e fornecedores, e nesses ambientes tenho como premissa não falar sobre trabalho. O equilíbrio entre estas duas polaridades também se torna necessário já que somos extremamente exigidos quando estamos em cena no dia a dia.

Na minha empresa, sugiro sempre que a turma saia do ambiente de trabalho uma vez a cada dois meses e não fale sobre trabalho. Por mais que a gente seja apaixonado pelo que faz, trabalho nem sempre é agradável, e não há nada mais abusivo e intimidante que tratar de assuntos desagradáveis enquanto se tenta relaxar. Por isso prego que, nas horas livres, tenhamos diversão, cervejinha e bate papo. Mesmo que dentro da empresa eu cobre metas e seja rigoroso, fora do ambiente de trabalho me relaciono com pessoas e não com profissionais. Não quero saber o que cada um faz, nem como. Só me interesso pela conversa generosa e sorriso no rosto – e quem testemunha isso afirma que essa afinidade traz uma empatia necessária dentro da empresa.

Se a era do relacionamento interpessoal é vivida intensamente nas redes sociais, é lá que observamos as mudanças acontecerem. Hoje, notamos um crescimento no número de amigos através das redes. E mesmo que não tenhamos intimidade, sabemos tudo uns dos outros. A tecnologia aproxima e nos faz sentir vivendo num *reality show*. E isso torna necessária a sua utilização dentro do próprio negócio. Mesmo assim, o complicado não é não entender como as redes e aplicativos podem ajudar o China a crescer – o difícil é conseguir filtrar o tipo de serviço que traz resultado e impacta nos nossos negócios.

A tecnologia diminui a distância entre o cliente e a loja e pode ser complementar, um excelente canal de vendas, mas o que faz com que o cliente permaneça é o sabor da comida e a certeza de que está pagando um preço justo pelo serviço que está sendo oferecido.

Se a experiência for ruim, ele naturalmente esquece de como chegou a comida e de como fez o pedido. É mais ou menos como o Yin Yang – por mais frio e impessoal que possa parecer um atendimento supertecnológico, onde não há interação humana, é com a refeição quente e preparada com amor que a experiência fica completa.

Isso prova que, na vida, as polaridades existem, e podem ser complementares. E cabe a nós conseguirmos equilibrá-las – dentro de nós e ao nosso redor. Interagindo com pessoas diferentes, trazendo a dose certa de cada atividade dentro de nossa vida e incorporando, aos hábitos, aquilo que pode enriquecer nosso caminho – na medida certa, sem que o destrua.

Se esse princípio dualista se estende por todos os ciclos da vida, eu não sei. Mas que o China in Box parece ter herdado esse conceito fundamental oriental, mesmo sem que estivesse em sua cartilha, disso não há a menor dúvida.

DOER

COMPLEXO DE MIDAS

Depois de vender setenta franquias em dois anos, eu me considerava o próprio Midas. Não havia nada que provasse que minha habilidade teria feito aquilo tudo dar certo, mas conforme as coisas prosperavam, eu me sentia seduzido pela ideia de que estava fazendo exatamente o que Midas fizera – com seu único toque, transformava o que quisesse em ouro.

Para alguém que está no seu ápice profissional, convicto de que está sendo recompensado pelos seus esforços de maneira mágica e incondicional, aquela era uma grande armadilha. Eu me via numa posição privilegiada e tinha a mais absoluta certeza de que nada nem ninguém poderia impedir meu crescimento vertiginoso. A sorte me acompanhava não só dentro dos biscoitinhos – ela estava a meu favor, trazendo resultados significativos que só fortaleciam a minha crença de que eu era invencível.

Então, comecei a ler livros de grandes figuras que me inspiravam. Comecei pelo Howard Schultz, de quem eu era grande admirador. O fundador da Starbucks, que efetivamente parecia ter o tal toque de Midas, inspirava-me a dar passos maiores.

Certa manhã, depois de dormir debruçado num de seus livros, acordei disposto a colocar em prática algumas das lições daquele que considerava meu guru. Minha ideia não poderia ser mais engenhosa: montar um fundo de investimentos entre os franqueados.

Estava tão convicto da ideia que me sentia determinado a dividi-la imediatamente e arriscar. Então, elaborei um plano – fascinado pelas possibilidades que se apresentavam. Sentia-me preparado, e ninguém poderia frear meu intenso desejo de ir adiante.

Naquela tarde, convocaria um grupo de amigos para uma reunião – e ali, numa mesa de negociações, os convenceria a investir em outros negócios.

Todos os investidores decidiram correr o risco. E, desse dia em diante, começamos a discutir que tipos de empreendimento montaríamos. Eles estavam entusiasmados e pareciam acreditar, acima de tudo, em meu potencial de fazer outras empresas alcançarem o mesmo sucesso.

A primeira ideia parecia genial – através do fundo, decidimos montar uma *lan house*. O conceito tinha sido introduzido na Coreia em 1996 e chegara ao Brasil por volta de 1998. Eram casas de jogos com computadores conectados à internet e acessíveis a um determinado preço. Parecia uma evolução das antigas casas de fliperama mas com o nome de cybercafé, pois eram espaços onde as pessoas se conectavam e consumiam.

Aquilo parecia inovador, ousado e extremamente conectado às tendências. Os estudantes e jovens eram nosso público-alvo e o modismo parecia ter vindo para ficar.

Em paralelo, dávamos asas a outras ideias, que pipocavam à medida que nos reuníamos – com o dinheiro em mãos, começamos os investimentos. Montamos uma choperia em Minas Gerais, uma sanduicheria que vendia um lanche chamado buraco quente, uma costelaria, investimos na rede Morana de bijouteria, montamos um lanche que era uma mistura de tostex com crepe, um restaurante de churrasco grego, e fomos dando vida a todas as ideias que pareciam ter o mesmo perfil do China in Box – empreendimentos irreverentes, inovadores, com personalidade, nicho.

E, é claro, com meu toque de Midas.

O dinheiro arrecadado era suficiente para que abríssemos negócios em diversos segmentos – tínhamos em mãos aproximadamente cinquenta mil reais de cada investidor. E à medida que colocávamos cada uma das operações para girar, elas seguiam com um gerente, sem nenhuma supervisão.

O resultado foi que depois de aproximadamente três anos todos os nossos novos negócios haviam quebrado.

Custei a perceber que as coisas não viravam ouro ao meu simples toque. Que não era imbatível, e que nem todas as minhas ideias eram geniais e lucrativas. E talvez esse tenha sido um dos maiores aprendizados que tive ao longo da vida.

Em alguns momentos, as quedas nos fortalecem. E aquelas quedas pareciam com as que acidentalmente temos quando aprendemos a andar de bicicleta sem rodinhas e acreditamos que estamos aptos a corrermos maratonas. Eu ainda era um iniciante, não estava apto a competir dentro de um mercado que já estava preparado. Tive a sorte de conseguir prosperar com a ousadia de criar o China in Box, mas era evidente que o sucesso do China era resultado de uma conjunção de fatores, e não do meu toque de Midas.

Só que derrotas são indigestas. Deixam-nos com aquele gosto amargo na boca e, se não nos desprendemos e nos apegamos a elas, passamos a acreditar que nada daquilo em que colocamos as mãos pode dar certo. É o efeito inverso, quando nos sentimos derrotados, com dedos podres, ruins para fazer um negócio dar certo. Por diversas vezes já ouvi colegas de trabalho repetirem essas máximas com facilidade, crenças que se instalavam quando perdiam dinheiro com um negócio específico, o que os fazia desistir.

Esse erro primário, de insistir que uma personalidade pode ser pautada por uma experiência de insucesso, é o que faz muitos negócios deixarem de existir. Milhares de ideias mágicas e empreendimentos extraordinários nasceram a partir da insistência de pessoas que não ousaram desistir quando a primeira tentativa fracassou. Por sorte eu havia começado pelo China in Box, mas caso isso não tivesse acontecido, a chance de eu não ter credibilidade alguma para vender uma ideia para amigos e familiares seria grande. E isso nos coloca em uma posição ainda mais delicada – quantas vezes não desacreditamos de projetos que parecem espetaculares, mas são movidos por pessoas que já tentaram e fracassaram diversas vezes? Ao todo foram treze projetos fracassados, e eu poderia ter sido considerado um empreendedor derrotado, caso não tivesse atingido o sucesso através do China in Box e do Gendai.

O importante quando esses obstáculos se interpõem em nosso caminho é que não deixemos de acreditar. Porque é comum que as pessoas parem de acreditar em si mesmas quando algo não acontece da maneira como desejavam. E a pior coisa que pode acontecer a um empreendedor é esse desengano – essa mania desajeitada de deixar os sonhos para depois, ou para que alguém mais preparado seja capaz de agir e materializar aquilo.

Os sonhos não podem ser delegados. Talvez nosso erro seja querer construir coisas que possam ter algum sucesso, sem que tenhamos qualquer propósito relacionado a elas. Sem que haja uma razão para que aquilo exista. Sem que haja aquele desejo visceral, que é capaz de nos movimentar durante dias e noites, enquanto outras pessoas dormem sonhando com experiências que poderiam dar certo.

Embora a sorte favoreça as mentes preparadas, ela só favorece quando não nos acovardamos diante das inúmeras possibilidades de derrota. Diante de notícias trágicas, crises, economia desfavorável, burocracias impostas. A sorte existe, e mesmo que o toque de Midas seja uma lenda, quando colocamos nossa energia naquilo que acreditamos, inevitavelmente vemos os resultados surgirem.

No final, o balanço acabou sendo positivo – ao longo dos anos que se passaram, pude observar o que havia acontecido de errado com os negócios em que havíamos investido.

Foi através desta experiência que entendi que para que houvesse sucesso nas empreitadas, fossem quais fossem, havia a necessidade de uma gestão em cima de indicadores. Isso só ficou evidente graças ao absoluto fracasso nessas operações.

Quando o Gendai e o China in Box foram montados, a concorrência era menor, a informação não estava tão disponível e nem era tão democrática. Hoje o indivíduo precisa ter o mínimo de gestão para ter mais chances de sucesso, já que o concorrente terá as mesmas informações e isso exige que os profissionais se aprofundem mais.

O IMPORTANTE QUANDO OBSTÁCULOS SE INTERPÕEM EM NOSSO CAMINHO É QUE NÃO DEIXEMOS DE ACREDITAR.

Mesmo assim, em nenhum momento me arrependi dos investimentos – eles trouxeram um conhecimento e uma experiência que eu jamais teria absorvido lendo em livros ou sendo impactado por outros empresários.

Eu sabia que aquele ditado que dizia que o gado só engorda com o olho do dono era, além do mais sincero de todos, o que mais funcionava para mim. A partir daquela experiência, meu complexo de Midas foi curado. E eu estava mais pronto do que nunca para seguir em frente.

DO TANGO AO MARIACHI

O tango é uma dança típica argentina que mistura drama, paixão, agressividade e tristeza. Essas características fazem com que seja uma dança expressiva, que atraia a atenção do mundo e cative as pessoas. De certa forma, a operação do China in Box na Argentina poderia ser facilmente descrita com o tango sob pano de fundo. E essa operação começou com paixão.

Seria a minha primeira tentativa de internacionalizar o China in Box. E eu era movido pela paixão – queria que o negócio prosperasse além das fronteiras do Brasil e vislumbrava um mapa mundial repleto de bandeirinhas mostrando as conquistas de território estrangeiro.

Havia uma dose de agressividade no projeto – e um tanto de ousadia. Mas o primeiro desafio era convencer um franqueado a comandar as operações em terras onde o doce de leite e as empanadas eram mais populares que qualquer outro tipo de comida.

Assim que comecei a estudar o mercado, tive o apoio e ajuda de dois amigos que tocavam suas lojas em Caxias do Sul. O Vilmar e o Valmar, dois irmãos com os quais eu firmara uma parceria no passado, tinham uma intimidade maior com os hermanos. Como tocavam certos negócios na Argentina, fomos juntos conversar com alguns de seus amigos para avaliar a viabilidade do negócio.

Em vão. Embora a ideia parecesse sedutora, eles não estavam confiantes e preferiam continuar apenas no Brasil. Mas eu já estava sendo movido por aquele ritmo que me atraia. Era como se eu precisasse fazer uma tentativa para entender efetivamente se o China in Box seria a grande aposta argentina naquele ano.

A vontade de internacionalizar não me abandonava, e continuei buscando um parceiro. Até que, em uma conversa informal, um dos meus franqueados se convenceu de que poderia ser um grande negócio. A ideia era montarmos em sociedade, mas eu tinha uma única certeza – um dos dois precisaria morar na Argentina para comandar a operação – e ele topou o desafio.

Investimento feito, começamos a montar a loja. Estávamos em 1998 e o processo parecia interessante. Os meses iniciais seguiam sem muitas surpresas – a loja não rentabilizava, mas também não trazia nenhum prejuízo.

Mas no ano seguinte presenciaríamos a maior crise na história da Argentina. Um dos países mais prósperos da América do Sul enfrentava uma grande depressão.

Se estivéssemos dançando tango, aquela era a hora do drama e da tristeza mostrarem sua face.

Não sabíamos ao certo o que aconteceria naquele país, mas o regime cambial de paridade entre o peso argentino e o dólar se tornava insustentável e o medo da desvalorização da moeda local fazia com que os argentinos corressem aos bancos para sacarem dinheiro. Ao mesmo tempo, as instituições financeiras estabeleciam um limite para o saque. E foi então que começou um cenário de guerra. Primeiro com os clubes de troca – as pessoas davam camisas em troca de galinhas, para terem o que comer. As invasões a supermercados começaram a assustar e as lojas começaram a fechar as portas, com medo da situação totalmente fora do controle. Os comerciantes estavam assustados e os brasileiros que trabalhavam na loja nem queriam sair de casa, com medo do que poderia acontecer.

Era um cenário assustador que se manteria até dezembro de 2001, quando o presidente De la Rúa faria um pronunciamento em cadeia nacional decretando estado de sítio em todo o país causando um manifesto popular descontrolado.

Horas depois, o presidente renunciaria, junto do ministro da economia, Domingo Cavallo. A Argentina tinha vivido uma década com Menem e De la Rúa surgira como uma alternativa ao esgotamento. Mas ele trazia uma desilusão ímpar ao povo.

A tristeza se instalara de forma irreversível na Argentina, e o fim de nossas operações culminou com esse processo.

Fechamos a loja, mas minha fome de internacionalizar não havia morrido. Assim, comecei a pesquisar a viabilidade de abrir algumas lojas no México, terra do mariachi, estilo musical marcado por excessos. Excessos que talvez eles tenham surgido na forma de cinco lojas que montamos entre Guadalajara, nosso mercado teste, e Cidade do México.

O processo foi doloroso e desgastante – como ouvir uma música cantada pelos mariachis no meio de uma conversa séria. Eu tinha encontrado um operador de franquias numa feira de franquia e demos continuidade à ideia. Sem que os franqueados pagassem *royalties*, uma condição que estabelecemos para tentar viabilizar o negócio.

Embora encontrássemos tudo que precisássemos naquela terra, que era o quintal dos Estados Unidos, precisávamos de uma cadeia de fornecedores, lojistas, e estruturar uma grande rede não era tão simples quanto poderia parecer.

Mas, conforme os meses foram passando, percebi que, para que o negócio tivesse chance de prosperar, seria necessário um investimento maior, e não conseguiríamos fazê-lo, nem chamá-lo através do franqueado. Estávamos desbravando um novo mercado, tínhamos o acordo de que eles não pagariam *royalties* pelo menos nas dez primeiras lojas e ficariam isentos de qualquer custo excedente – mas minha meta não estava sendo atingida, nem por um segundo.

E minha meta é sempre fazer com que o franqueado prospere. Por isso, quando me perguntam se considerei a operação no México como algo de sucesso, sou enfático em dizer que não. Embora tenhamos passado quatro longos anos em funcionamento, encerramos as atividades nas cinco lojas e entendemos que aquele era o momento certo de recuar.

Mesmo sem ter abandonado a ideia de expandir a rede para fora do Brasil, optei pelo bom e velho samba – um gênero musical cuja batida é constante, ritmo intenso e marcado pela alegria e convidativo entusiasmo.

O tango e o mariachi teriam que ficar para outra ocasião.

O PESO DA RESPONSABILIDADE

Estávamos em 2007. Eu tinha construído uma empresa forte na qual as pessoas confiavam plenamente. O *delivery* já era popular no Brasil. Através do telefone as pessoas já podiam pedir todos os tipos de refeição, além da tradicional pizza e da comida chinesa, muitos dos estabelecimentos já haviam copiado o nosso modelo de mochilas e todos os motoqueiros podiam ser identificados enquanto driblavam os carros nas ruas.

O número de franquias, não só da rede China in Box e Gendai, crescia vertiginosamente, e o ramo alimentício se sofisticava à medida que novos concorrentes chegavam ao mercado.

Se alguns anos atrás meus planos pareciam ambiciosos, naquele momento eu celebrava uma fase de reconhecimento em todos os níveis. Como líder, eu sabia o quanto cada decisão impactava, mas não tinha a mais remota ideia do tamanho da responsabilidade que aquilo representava. Eram aproximadamente 160 famílias.

Ao mesmo tempo, eu previa que haveria uma grande consolidação do nosso setor. A movimentação apontava para isso e surgia a ideia de fazer uma grande fusão entre o China in Box e o Gendai, criando a Trend Foods.

Chamei meus sócios, o Sadaki, sua irmã, Margareth e meu cunhado, Roberto Ohara, casado com a Helen, minha irmã, e entramos num consenso. Estava na hora de darmos mais um passo.

Como nossa turma se conhecera anos antes, nos bailes da colônia japonesa, tínhamos intimidade desde a época da adolescência – o que permitia que as conversas fluíssem sempre de maneira amigável e cordial. O Roberto era de família tradicional japonesa e sua família era proprietária da Sakura, grande fabricante de shoyo que hoje vende cerca de 80 milhões de frascos por ano. Parte deles fornecida para nossa rede, onde não entra nada que não for da marca.

Naquele bate papo informal, dei a ideia. Achava interessante que fizéssemos a fusão da empresa para que consolidássemos o mercado e formássemos o grupo que detivesse a maior rede de culinária oriental. Desta forma, quando um fundo de investimentos viesse prospectar o mercado, fatalmente teria que falar conosco.

Para um dentista, eu estava entendendo bem do negócio. Já estava ambientado com a estratégia utilizada pelos gestores para grandes negociações com fundos de investimento. Geralmente eles mandavam um *e-mail*, marcavam uma reunião e vinham nos abordar para saber como estávamos vendo o funcionamento do ramo de *fast food*. À medida que o negócio crescia, tornava-se inevitável frear esse crescimento.

Eu já esperava essa ligação. Sabia que existiria. Não seria nenhuma surpresa para mim já que, mesmo quando ainda não éramos um grupo, eles já procuravam o China e o Gendai separadamente.

Quando começamos a lidar com o crescimento, é necessário encarar de frente a consciência de que, para sobreviver, é preciso seguir uma certa cartilha. E, se negássemos a entrada de um fundo de investimento, eles poderiam abordar um concorrente – e esse concorrente cresceria tanto que seríamos engolidos. Ficaríamos para trás.

Já tínhamos a pretensão de sermos a maior e mais relevante rede e grupo de culinária oriental.

Numa tarde de outono, daquelas que a gente vê as folhas amareladas caindo no chão da calçada e percebe que existe alguma coisa se transformando, eles vieram.

Minha primeira conversa foi inesquecível. Tive a impressão de que suaria tanto na mesa de negociações que minha camisa sairia ensopada. Fiquei nervoso. Não pelo fato de não saber o que fazer, e sim porque me vi diante de uma agressividade que me assustou.

Eles queriam investir e deixavam claro que haveria uma data de entrada e saída. Ou seja, em um período delimitado teríamos que fazer uma rápida e desordenada expansão e, depois de cinco anos, eles venderiam para um outro fundo.

Antes de dar uma resposta definitiva, conversei com outros e dizer "não" exigiu de mim um extremo comprometimento com meus valores. Eu sabia que se fizesse aquilo corria o risco de perder tudo, fazendo uma expansão onde não cabia um processo de exímia qualidade, sem prezar por tudo que eu mais valorizava no nosso negócio.

Mas a palavra "não" pode abençoar quando estamos convictos de que estamos com a verdade. E, ao ser fiel a mim, entendi que, mesmo que eles procurassem outras cadeias de alimentação, aquele que optasse por fazer dessa maneira iria quebrar a cara, literalmente. O fundo que optasse por comprar uma empresa destas ia perceber a grande idiotice feita.

Minha palavra teve um efeito poderoso na época. Tanto que eles mudaram o discurso. Hoje eles entram e não têm prazo para sair. E se o caminho de saída é ganhar dinheiro, já que eles querem basicamente comprar por dez e vender pelo triplo do valor, a ideia precisaria ser reformulada.

Então, como uma artimanha do destino, as pecinhas foram se encaixando como num holograma chinês. Meu pai tinha um amigo cujo filho trabalhava no Credit Suisse dos Estados Unidos e cuidava dos investimentos do dono da Laço Management, uma gestora de recursos com foco na América do Sul. Como esse empresário sabia que havia esse brasileiro cuidando de seus investimentos, ele o consultou, na tentativa de identificar quais eram as empresas interessantes e bem nichadas no Brasil para investir. Ele logo comentou sobre comida oriental e nos indicou, além de mostrar um portfólio de empresas poderosas, como uma rede de hambúrgueres Premium e a cadeia de supermercados Saint Marchet.

Foi a partir daí que começamos uma negociação e a premissa era de que a negociação satisfizesse os interesses de ambos, sem que nenhum dos dois saíssem prejudicados. Como já tinha dito não para outros fundos, queria encontrar algo que estivesse de acordo com os valores da empresa. E aquela parecia uma boa oportunidade.

Só que o processo seria demorado o bastante para que pudéssemos entender todas as suas vertentes.

Depois de oito meses negociando os valores envolvidos, entrariam os auditores para checar se o faturamento correspondia ao que havíamos citado, se a rentabilidade estava, de fato, correta. Os impostos, os processos, tudo seria minuciosamente observado e essa era uma parte extremamente burocrática que exigia cuidado e tempo.

Quando finalmente chegasse o resultado dessa auditoria, sentaríamos à mesa para discutir como iríamos decidir as coisas e como seria, de fato, o processo de decisão. Eles exigiram ter dois votos e nós teríamos outros dois.

Minha primeira pergunta foi: "E se der empate?". O que exigia uma longa discussão.

Chegamos à conclusão de que, caso houvesse algum tipo de impasse que brecasse a operação do negócio, teríamos que contratar um árbitro. Cada um de nós contrataria um, e eles indicariam um terceiro. Mas tudo isso era demorado o suficiente para que surgissem novas questões, as quais traziam à tona detalhes que eu não havia sequer imaginado.

"E se eu morrer, o que acontece?", perguntei certa vez, trazendo uma nova cláusula para o contrato. Tudo deveria estar especificado, contemplando absolutamente todas as possibilidades. Dentre elas, a de que eu cumpriria um prazo de cinco anos como presidente da empresa e só depois poderia abrir mão dela. Aquilo me deu um frio na barriga e eu nem imaginava a repercussão interna que viria.

Como estava começando a sentir o peso da responsabilidade, coloquei a cláusula mais importante do contrato. Dela eu não abriria mão. Era uma exigência necessária, que me fazia respirar seguro novamente.

"Quero ter 120 dias de férias ao ano".

No começo, eles achavam que eu estava brincando. Que era uma piada do japonês. E então, viram que eu não ri da piada. Aquilo era sério o bastante para que ficasse escrito e marcado. Era a minha saída de emergência – por onde eu poderia ter a garantia de que, caso surtasse, tinha como parar durante quatro meses e me recolher em qualquer canto do mundo.

Eu não queria abrir mão da minha liberdade e precisava estar seguro para ir e vir quando quisesse. Um respiro no meio do caos, caso ele existisse, já que não sabíamos o que aconteceria.

O objetivo da parceria era ampliar a atuação do Grupo e inaugurar novas lojas pelo país, mas toda decisão impactava na vida de 160 famílias. E, então, entendi o peso real da minha responsabilidade.

Quando contamos para os franqueados que estávamos avaliando a entrada do fundo de investimento, eles se sentiram golpeados e abandonados.

"Você vai abandonar a gente", eles diziam, como se a entrada do fundo fosse o primeiro passo para que eu saísse do comando das operações efetivamente, depois.

A questão era extremamente delicada. E comecei a ser questionado de uma maneira que jamais havia imaginado. Todos os franqueados ficaram inseguros. Não com a entrada do fundo, mas com a minha possível saída do comando da empresa. E, por mais que eu nem cogitasse sair da presidência, fiquei bastante incomodado com isso. E não pelo fato de ser questionado, mas porque, pela primeira vez, percebi o quanto eu era fundamental na vida deles e dificilmente conseguiria vender 100% da empresa, caso um dia tomasse essa decisão.

Conforme os franqueados vinham conversar comigo, minha cabeça fervilhava. Eu ia para casa, dia após dia, com a mente inquieta e o coração intranquilo.

"Enquanto vivo eu não vou poder sair da empresa", comentei em voz alta, sozinho, dentro do carro, no caminho para casa.

Meu peito parecia que ia explodir. Eu não sabia como lidar com aquilo.

"Se eu resolver falar 'cansei', não posso fazer isso", esbravejei. Era como se meu livre arbítrio tivesse sido tolhido. Ao conquistar a confiança de cada um dos franqueados, eu tinha também ganho um peso extra de responsabilidade. Eles não viam o China in Box funcionando sem mim. E, por mais que eu sequer cogitasse a possibilidade de sair, aquilo me deixava profundamente desconfortável.

Qualquer pessoa da empresa estava livre para sair quando quisesse.

Menos eu.

Todos os dias, no caminho de volta para casa, minha aflição crescia. Era um medo – que parecia com a dor do crescimento. Eu não sabia que aquilo tomaria aquela proporção, nem que eu me sentiria tão acuado com a resposta dos meus parceiros de trabalho.

Justo eu, um homem tranquilo, que levava tudo de maneira natural, via-me, pela primeira vez, sem dormir. Foram três meses intensos para digerir aquela responsabilidade atrelada ao meu papel no negócio. Papel que, pela primeira vez, ficava tão evidente.

Achava ruim que a imagem da empresa estivesse totalmente ligada a uma pessoa e acreditava que, para a empresa ser estruturada, a imagem não deveria ser vinculada com a do fundador. Mas sabia que não era fácil sugerir isso, já que o fundador geralmente é quem atua fortemente na construção de tudo.

Pensava na morte. Caso eu morresse, como ficaria a empresa, já que as pessoas estavam tão dependentes de mim? E, por mais que esse medo fosse absolutamente normal, eu não conseguia perceber como poderia sair aos poucos da operação. Mesmo sem desejar isso, precisava contemplar um plano para que isso acontecesse. Precisava trabalhar para que a empresa tivesse a chance de perpetuar.

Até que, me dei conta de que era inútil lutar contra aquilo. Era uma posição que eu havia conquistado. E, com ela, tinha conquistado também a confiança de cada uma daquelas famílias. Então, já que eu ficaria ali, pensei em buscar coisas novas. Reinventar o negócio para ter mais trinta anos de gás. E, quando a angústia passou, resolvi injetar gasolina e correr para outras direções.

Ser referência faz com que as pessoas sintam falta e necessidade da minha visita. Eles percebem a energia que levo para o negócio, já que sempre transmito muita energia quando transito pelas lojas. E ter visto as famílias crescerem no negócio nos aproximou. Era um vínculo maior do que o de franqueador e franqueado. Éramos uma família, com a qual eu tinha a obrigação de dividir os sonhos, as conquistas e, sobretudo, as mudanças.

Entendi, acima de qualquer coisa, que a dor do crescimento é proporcional ao seu tamanho. E que o maior desafio do empreendedor talvez seja o de lidar com tantas circunstâncias externas e continuar equilibrado – porque, quando a ventania balança tudo lá fora, só você pode garantir que tudo vai continuar de pé. E esse equilíbrio é uma de minhas maiores conquistas.

Quando sabemos que a vida é tão pautada por mudanças, o desapego pela realidade como ela é, é inevitável. As mudanças podem ser boas ou ruins. Surpreendentes ou inesperadas. E cabe a nós traduzi-las e adequá-las ao momento, aceitando, de peito aberto, toda e qualquer dor. Porque, se não aceitamos, ela pode explodir dentro do peito e nos matar.

Palavra de quem entende de dor e já passou por maus bocados para se manter firme diante de tanta tempestade.

EXPERIMENTAR

DO FUNGO AO PATO

O yakissoba sempre foi um prato que me agradou. Rico em texturas, cores e cheiros, ele desperta sensações cada vez que um dos ingredientes chega à boca. Talvez pela mistura de temperos ou por incorporar mais sabor ao macarrão, conduzindo cada pessoa a uma experiência mágica sempre que está diante da comida.

Talvez a comida tenha esse poder. De transportar as pessoas para novos universos ou países que jamais exploraram. E embora minha paixão por yakissoba tenha começado muito antes de conhecer a China, foi através dessa paixão que a vida me proporcionou a viagem mais inusitada que eu faria.

Tudo começou quando resolvemos importar cogumelos. Como utilizamos bastante cogumelo em nossas receitas, e a China era a principal responsável pelo desenvolvimento das técnicas de fungicultura, dando origem ao cultivo de mais de dez espécies que hoje são amplamente difundidas no mundo todo, nosso fornecedor trazia os cogumelos diretamente de lá.

Assim, todo santo mês os pedidos aumentavam, já que o número de lojas era cada vez maior.

Até aquele momento, eu não sabia nada sobre como os tais cogumelos chegavam até nós. Já tinha lido que a primeira técnica que os chineses empregaram consistia em encontrar os troncos das árvores caídos na floresta e colocá-los próximos aos troncos frutificados para expor ao vento e capturar os esporos. Mas, se para mim era inusitado e curioso como se produziam cogumelos, para o governo chinês, a pergunta chave era: "Por que esse brasileiro consome tanto cogumelo?"

E essa pergunta veio em forma de um telefonema, absolutamente improvável, às sete horas da manhã.

Meu fornecedor, que comprava diretamente da China, me ligou.

"Oi, Robinson, precisamos conversar."

Ele parecia ter um tom amigável. Depois de um pigarro, continuou: "O governo chinês quer te conhecer".

Tive que me sentar. Era uma conversa inesperada.

"Me conhecer? Por que o governo chinês quer me conhecer?"

Já imaginava milhares de coisas, mas não fazia a menor ideia do que eles queriam comigo.

Então ele explicou – como eu comprava muito cogumelo da China, eles gostariam de me conhecer.

"Você não quer ir? O governo subsidia parte da viagem".

Demorei para digerir aquela frase. Em alguns minutos eu passava de dono de uma rede cujo nome incluía a palavra "China", para um indivíduo que despertara a curiosidade do governo chinês. E, antes de terminar o dia, eu estava fazendo planos para concluir aquela viagem tão inesperada.

"Vou para a China", falei para alguns amigos.

Muitos acreditaram que era um novo plano de expansão, outros, que eu ia a negócios. Mas ninguém jamais apostaria que o próprio governo tinha desembolsado dinheiro para que eu os visitasse. Era surreal.

Planejei a viagem com extrema emoção. Sabia que não queria visitar apenas a China. Tinha a pretensão de degustar novos sabores, mergulhar em novas experiências e estar aberto às oportunidades que se abririam, e fariam de mim um homem mais rico. Meu maior tesouro não era material – era, de fato, colher tudo aquilo que eu havia semeado.

A viagem foi um misto de surpresas e decepções. Como tinha ido a convite do governo, não decidia para onde iríamos.

E nosso destino era o interior – bem distante de Xangai e Pequim. Era uma época que a China ainda não estava aberta e a cidade toda parecia estar em construção. A cada passo eu tinha mais certeza de que eles estavam se preparando para a guerra. Estava tudo em obras.

O povo, ao contrário do que eu imaginava, não era oprimido. Eram pessoas amáveis, interessadas, contentes. Foi desta forma que me dei conta de que a ignorância era uma dádiva.

A alimentação dos chineses na região onde eu estava era excelente. Se fartavam de verduras frescas e não havia nada que fosse frito. Embora eu soubesse que as receitas daqui e as originais fossem muito diferentes, não imaginava que não ia encontrar nada similar, lá, ao que vendia aqui no Brasil.

Lá eles também usavam e abusavam do cogumelo nas receitas. O consumo era tão grande que estimava-se que cada chinês consumisse aproximadamente oito quilos de cogumelo por ano, enquanto, no Brasil, consumíamos pouco mais de 100 gramas.

Nas visitas aos locais onde cultivavam cogumelos, meu fornecedor fazia a tradução simultânea, contando minhas dúvidas e explicando cada processo.

Eu ficava imaginando o quão inusitado era um brasileiro abrir um box com uma comida cujo ingrediente nascia ali, naquele solo que eu pisava, do outro lado do mundo.

Dali fomos para um lugar experimentar uma iguaria apreciada pelos chineses – abelha frita com mel. Eu sabia que eles eram absolutamente fascinados pelo consumo de insetos, mas não imaginava que ia adorar a experiência de morder uma abelha como se fosse um biscoitinho doce.

Quando a visita acabou, parti rumo ao Japão. E, por mais que imaginasse que fosse gostar daquele lugar, em nenhum momento imaginei que me sentiria tão em casa.

Assim que pisei ali, era como se eu tivesse voltado no tempo para a casa dos meus avós, quando ainda era criança. Meus avós tinham chegado ao Brasil ainda jovens, com 14 anos, e já estavam prometidos um ao outro. Quando fui morar na casa deles, com dois anos, era comum ouvi-los conversar em japonês.

Então, quando entrei naquele país, aquele som do idioma familiar me fascinou. Por mais que eu não entendesse uma só palavra, ele me transportava para aqueles momentos em família tão preciosos da infância. A sensação era de estar num ambiente familiar e conhecido. Olhava ao redor e me conectava com pessoas que tinham o sangue dos meus ancestrais – e a aparência física também.

Do Japão, experimentei mais do que uma imersão cultural – acabei introjetando conceitos. Hoje visito o país a cada dois anos e é de lá que trago ideias de serviços, negócios, produtos.

Mesmo que lá eu sempre tenha sido visto como um "gaijin", que significa o estrangeiro que entra no país, era inspirador fazer parte daquela sociedade.

O japonês é incrível. Eu, que achava que encontraria um povo triste e oprimido, vi-me diante de pessoas extremamente cordiais, como eu jamais tinha visto em toda a vida.

Em relação à comida, fiquei surpreso com tanta inovação. No dia a dia eles dispensam o sushi, por ser muito caro, e adotam os pratos quentes. Algumas cozinhas centrais fazem comida e levam para os estabelecimentos, e esse é o tipo de comida mais industrializado que eles têm.

Como as culinárias chinesa e japonesa são imensas, percebo que o futuro no ramo da alimentação é segmentado. Isso vai diferenciar no médio e longo prazo. Já vi casas de Iámem, o famoso macarrão japonês sendo apresentado com diferentes molhos, bares japoneses vendendo porções como se fossem tapas. E percebo que por mais que o brasileiro tenha se jogado no rodízio onde se entope de peixe cru, foi assim que conheceram essa culinária tão fantástica e, com o tempo, as pessoas aprenderão a comer e apreciar a verdadeira comida japonesa.

Sempre que entro num restaurante que serve em sistema de rodízio penso no desperdício absurdo de comida. E também me recordo da época em que tive um rodízio chamado Owan, no shopping Morumbi, em São Paulo. Essa experiência, que durou um ciclo de sete anos, me fez aprender algumas coisas – um restaurante que serve rodízio exige muito trabalho. Embora tenha um faturamento bom, tem um gasto exorbitante e, quando existe lucro, ele é pequeno demais.

No entanto, sempre fui disposto a experimentar. Acho difícil que tenhamos uma dimensão real das coisas sem que nos arrisquemos, sem que tentemos e entendamos o que existe para ser feito. Talvez por ter essa característica, também atraio pessoas com ideias incabíveis. Porque acredito que as coisas devam ser testadas, mas dentro de uma lógica.

Sou o tipo de líder que gosta de ouvir. Abro espaço dentro de todas as reuniões para que as pessoas digam o que pensam e me sinto absolutamente democrático. Mesmo assim, em alguns momentos, sinto-me como se estivesse na China, sem tradução simultânea. Algumas ideias são tão distantes daquilo que planejamos para o futuro do grupo que acabo sendo o primeiro a barrar.

Outro dia, por exemplo, numa reunião, um dos membros da equipe, franqueado há mais de vinte anos, disse em alto e bom som:

"Tive uma grande ideia".

Todos ficaram atentos para ouvi-lo, quando veio o anúncio: "Por que não servimos pato ao molho de laranja no China in Box?"

Embora eu sempre tente me colocar no lugar do outro, minha resposta saiu da minha boca antes mesmo que ele completasse a frase:

"Cara, você está há vinte anos conosco. Acabou de reclamar que seus funcionários mal sabem fazer um frango xadrez e você quer servir um pato? Quem sabe fazer um pato?"

Ele insistiu: "Mas está na moda!"

Tive que respirar fundo. "Pode estar na moda, mas você tem mão de obra qualificada para isso? O preparo de um pato é extremamente sofisticado. Como fazer um pato numa cozinha de *delivery* onde se preza a rapidez? Estamos discutindo justamente o contrário! Diminuir o número de pessoas na cozinha para diminuir os gastos, otimizando processos. E você quer enfiar um pato na cozinha?"

Todos riram. Foi inevitável. Tem dias que você pode estar no Brasil, mas o mundo parece ao contrário e de repente você se sente falando japonês, no meio de uma reunião.

A única certeza que eu tinha era de que os únicos patos que entrariam na minha cozinha ainda eram os habitantes de Patos, da Paraíba, os melhores colaboradores que eu tinha tido desde a inauguração das lojas. Esses, sim, valiam a pena manter dentro das nossas cozinhas.

PEIXES E TUBARÕES

Estávamos eu e o empresário Carlos Wizard, fundador da Wizard e hoje dono da rede Taco Bell e Mundo Verde no Brasil, os dois sentados, conversando após uma sessão de fotos. Tínhamos sido entrevistados por alguns jornalistas que estavam fascinados pelo nosso estilo de liderança, exibido no Shark Tank Brasil.

As perguntas faziam com que nos sentíssemos verdadeiros semideuses. Assim que desligaram os microfones e os jornalistas foram embora, eu e o Carlos nos entreolhamos e dissemos: "Se eles soubessem que não somos tudo isso, né?".

Havia uma cumplicidade no olhar. Achamos curioso, pois pensamos o mesmo naquele momento. Fiquei refletindo sobre aquele episódio depois.

Muitos empresários, empreendedores, gurus, acabam sendo colocados num patamar onde são vistos como pessoas acima da média, verdadeiros campeões com fórmulas incríveis que os tornam poderosos. Como somos enxergados desta forma, muitos acabam colocando a vestimenta de super-herói e, nesse papel, sentem-se acima de todos os outros seres humanos. E, desta forma, não conseguem mais se humanizar, ou seja, não conseguem transferir os valores que os fizeram chegar lá. Não são capazes de compartilhar sua visão do mundo e omitem aquilo que os torna humanos – exatamente aquilo que poderia fazer com que todas as pessoas se sentissem capazes de chegar onde eles chegaram.

Assim que recebi a proposta para escrever este livro, tinha como objetivo desmistificar tudo isso. Mostrar como o caminho pode ser simples e como o que permeia esse caminho é a mais absoluta confiança naquilo em que se acredita. E uma certa dose de inconsequência também.

Não me sinto mais inteligente ou capaz que qualquer pessoa. E, quando me exponho a ponto de mostrar como penso, isso pode ficar evidente. Talvez esse seja o maior medo dos empreendedores de sucesso que trabalham com motivação a qualquer custo. Mostrar nossos bastidores pode destruir a imagem que fizeram de nós. E isso requer mais que coragem. Coragem porque bastidores são cenas que ninguém quer expor. Tanto aquelas que foram capazes de impulsionar o sucesso, como as que são terreno fértil para semear o fracasso.

Costumo dizer que, para saber se determinadas ações levarão ou não a um bom resultado, deve-se experimentar. E, quando noto que alguns franqueados saem da zona de conforto e propõem coisas novas, contribuindo com ideias que podem agregar no negócio de todos os outros da rede, fico extremamente motivado.

Hoje, nas reuniões entre franqueados, participo ativamente de todas as decisões e, acima de tudo, observo muito. Principalmente porque, mesmo quando existem apresentações, com números que trazem resultados, certas coisas falam por si só. E são detalhes que poderiam passar despercebidos, se não fossem resultado de atitudes, corajosamente incentivadas, de pessoas que não tiveram medo de ousar – de experimentar, de inovar, de sair do lugar comum e trazer novidades que podem mudar o jogo.

Certa vez, enquanto franqueados conversavam sobre um novo prato, o Yakissoba Bowl, sugerido pelo dono de algumas lojas, o Jair, percebíamos como ele tinha vendido 10 vezes mais daquele prato do que qualquer outro franqueado. E as pessoas se perguntaram: "Por quê?"

Observamos o preço do prato que estava sendo vendido, fizemos um comparativo, e não havia nada que justificasse aquela venda dez vezes maior que a de outras lojas da rede.

Então, antes que alguém chegasse a uma conclusão, pontuei: *"believe"*.

Todos ficaram quietos e perceberam o óbvio – como o prato havia sido sugerido pelo Jair, ele acreditava no prato. E não era um simples acreditar. Era uma razão visceral para fazer com que aquilo acontecesse – ele era movido pela energia desbravadora de colocar um experimento em funcionamento. E dava certo à medida que ele se movia em direção àquilo. Aquele acreditar fazia com que ele se diferenciasse e se tornasse um tubarão no meio de um mar de peixinhos. Ele se agigantava quando vendia o prato que havia criado. E, talvez, na tentativa de mostrar que sua ideia dera certo, ou porque ele acreditava tanto nele, seus resultados eram monstruosamente maiores quando comparávamos aos de outras lojas.

Nessas reuniões, onde são apresentados os resultados, fica evidente o quanto precisamos pensar coletivamente, e quantas áreas são necessárias para que pensemos em soluções que possam ser eficazes para que todos prosperem.

Como rede, não podemos priorizar estados ou cidades, e isso se torna complexo porque são muitas pessoas tentando fazer uma organização de pequenas e grandes coisas. Algumas se debruçam noite e dia para que os processos funcionem de maneira eficaz. O Trend Foods precisa estar sempre com o radar ligado em relação a todos os aspectos que compõem o negócio. Algumas áreas se desdobram para ter boas relações com fornecedores, outras fazem um *bench mark* com outras grandes redes no que diz respeito a serviços e tudo é ponderado para que cheguemos numa boa solução, como franqueadora, para cada um dos franqueados.

Temos que pensar em cada estado, ponderar questões logísticas, frete, legislação tributária, e quando empacamos em algum aspecto, levamos para o grupo. É um caminho delicado o de se pensar em soluções para todos, principalmente porque estamos falando de cidades onde tudo pode ser diferente. Só que a mesma fórmula deve ser aplicada.

Um dia, um dos donos de uma das lojas da rede questionou: "E nós seremos prejudicados por causa deles?", por conta de uma operação logística que havia sido estabelecida em comum acordo. Quando essa pergunta veio, a resposta de uma de nossas diretoras ecoou pela sala: "Não existe eles. Existe nós".

Enquanto rede, se pensamos na divisão "nós e eles", todo mundo sai perdendo. Em rede, somos o China in Box.

São nessas reuniões que brecamos fofocas e ruídos de comunicação, e estabelecemos pontualmente alguns valores da marca, mesmo que haja discussões ferrenhas sobre algumas incompetências operacionais de fornecedores.

Enquanto cada um pontua o que é relevante para o seu negócio, olhando para o próprio umbigo, o Sadaki costuma ser mais incisivo e prático, trazendo uma outra dinâmica para a conversa.

Já a Márcia tem o perfil contestador. É impossível vê-la calada quando existe uma pauta pegando fogo num assunto que ela domina. Seu poder de persuasão e competência em apontar o caminho certo e criticar aquilo que vai contra os valores da empresa são excepcionais. A franqueza é um aspecto de caráter que a diferencia dos demais.

Nesses dias, muitas vezes deixo que cada um diga o que pensa, para poder colher minhas próprias impressões. São tantas vertentes que permeiam o negócio, que seria injusto que eu levasse os créditos pelo sucesso da rede. Cada uma daquelas pessoas pensa, 24 horas por dia, em como melhorar a operação, como otimizar os processos. E, através da análise dos resultados, vamos estabelecendo metas e buscando inovar.

Recentemente, no final de 2016, algumas lojas do China in Box implementaram o sushi e perceberam um crescimento em suas vendas. Também é evidente e quase assustador o crescimento da venda *online* – de um ano para outro saltaram de 19 para 58%. Isso nos mostra o potencial da internet e como são necessários os programas de fidelização dentro do nosso site. Assim que percebemos o avanço, já traçamos metas agressivas no número de cadastros, reforçando que deve haver um esforço conjunto das equipes para atingir tal número.

E perceber que não existe nenhuma estabilidade no negócio é um desafio um tanto quanto assustador. Porque, com a velocidade da internet, e das constantes mudanças, somos pegos de surpresa com dados espantosos: o crescimento dos aplicativos que já têm o poder de pautar o tipo de promoção que a rede vai fazer, as medidas legais que devemos tomar em relação a redes sociais, para nos vermos livres de processos que possam nos derrubar por não estarmos por dentro do que acontece na internet. No dia a dia, a grande motivação da minha equipe é encontrar maneiras de facilitar a vida do franqueado, através de sistemas com tecnologia de ponta que os façam conseguir montar a própria promoção, através da padronização eficiente e sempre mostrando onde cada centavo está sendo aplicado.

É nessa hora que algumas discussões são necessárias, já que o grupo deve sempre alinhar as expectativas para que não haja frustrações posteriores. E quando se trata de dinheiro na mesa, nem sempre a razão fala mais alto. É comum que as emoções aflorem e as pessoas se deixem levar pelo impulso. Assim, quando estamos em grupo, sempre que um se exalta, o outro acaba compensando, trazendo a tônica da realidade para a sala. Alguns assuntos geram mais desconforto que outros, mas é sempre a voz do conselho que fala mais alto. Apontar a decisão e os caminhos mais sensatos é sempre o melhor caminho, partindo-se do pressuposto de que todos estão agindo com boa fé.

Em alguns momentos, quando percebemos escorregadas por conta de uma gestão ruim, tentamos apontar e identificar o que está acontecendo dentro daquele contexto, para estancar aquela dor do empresário que não consegue se autoadministrar. Ao mesmo tempo, a vida não pode parar – o departamento que abastece as lojas vira e mexe chega com um novo desafio que faz os cabelos brancos surgirem de imediato. O fornecedor de carne floculada vai deixar de produzir aquele tipo de carne – justamente a mais consumida e utilizada em nossas receitas. O cenário que pode ser simples se torna preocupante, porque muitas vezes a simples mudança no fornecedor impacta na loja e na qualidade do prato. Ninguém pode culpar o fornecedor se uma carne com um corte errado veio com um nervo onde não deveria. É o cliente que paga por esse erro, e isso se torna uma bola de neve quando o problema não é imediatamente apontado para que haja correções. Por isso, sempre deve existir uma relação em que haja uma via de duas mãos – o franqueado tem que alimentar o franqueador sobre os problemas. Assim, são mais pessoas tentando resolvê-los e as soluções se tornam rápidas e efetivas.

Enquanto esses debates calorosos incendeiam as mesas, eu supervisiono se as tarefas e metas estão sendo cumpridas, embora saiba que, quanto menos me envolver com a operação, mais poderei contribuir com o futuro do China.

Hoje, arejo bastante respirando novos ares fora da nossa sede. Com os meus colegas de elenco do Shark Tank Brasil. Com o João Apolinário, por exemplo, um dos tubarões, troco ideias sobre administração em shoppings. Como ele tem uma rede de lojas e uma excelente plataforma de *e-commerce*, minha finalidade é entender como podem ser otimizados e copiados os processos que dão certo em outros lugares.

Meu trabalho, nesse meio, é de me relacionar e promover novos contatos. Observo as inovações em diferentes segmentos, fico antenado na marca e no institucional, buscando aprimorar processos através de experimentos que podem despertar novas tendências, como sempre fizemos. Se não sigo essa premissa, acabo sendo consumido pelo dia a dia e fico impossibilitado de olhar para tudo.

Muitas vezes sou brecado pela equipe, que me considera ansioso demais, mas existe um Robinson que grita dentro de mim, querendo ver as coisas acontecendo. Esse mesmo empreendedor, que não perdeu sua paixão pelo negócio, acaba cobrando de maneira incisiva – porque sempre fez tudo sair do papel sem medir esforços para que os sonhos se materializassem.

Ao mesmo tempo, sinto que minha ânsia de ver tudo acontecer não acompanhou o crescimento do negócio. Evidentemente, era mais fácil quando o número de lojas era pequeno. Hoje, as cifras aumentaram, mas os processos são infinitamente mais complexos. Se lidávamos com pequenas empresas que nos forneciam insumos, hoje temos contratos negociados com extrema dedicação, para que não fique um fio desencapado.

Quando não consigo administrar minha paciência, o tubarão mostra seus dentes afiados. Ao invés de falar "vamos mudar a

ACREDITAR FAZIA COM QUE ELE SE DIFERENCIASSE E SE TORNASSE UM TUBARÃO, NO MEIO DE UM MAR DE PEIXINHOS.

embalagem deste saco?", vocifero "cadê o maldito saquinho que ainda não está na loja?". Fico aborrecido quando não vejo que as coisas foram imediatamente implementadas. Mesmo sabendo que existe um operador logístico, um estoque, um fornecedor, e uma série de processos que devem ser levados em conta na implementação de cada simples decisão numa rede do nosso tamanho e dimensão.

Então, quando decido mudar alguma coisa, só consigo, de fato, ver aquilo pronto três meses depois. E, para alguém como eu, três meses é uma eternidade. Nesse período, muitas águas já rolaram. E, quando as águas estão em período de tormenta, um tubarão pode virar um peixe manso a qualquer minuto.

Além do mais, um peixe fora da água pode representar uma derrota instantânea, afinal, ele pode ser devorado por quem está no topo da cadeia alimentar a qualquer momento.

A sorte é que eu faço dinheiro com peixe fora da água...

Então, só me resta tentar ser sempre um tubarão que abocanhe as melhores oportunidades. Mesmo que dentro de uma tela de TV.

JOGANDO FORA DAS QUADRAS

Quando eu era criança, lembro-me da sensação que tinha quando começava a jogar bola. Era aquela euforia misturada com adrenalina – eu não queria perder tempo, e era dentro de um campo de futebol que descarregava minhas energias. Os jogos aconteciam dentro da loja de material de construção do meu avô ou fora dela. E, quando me formei como dentista, toda semana, determinado dia, jogava bola com os amigos da comunidade ali perto do consultório.

Então, numa determinada época da minha vida, comecei a perceber que meus pés inchavam todas as vezes que eu jogava bola. Da primeira vez achei que tinha torcido ou me machucado. Só que aquela cena começou a se repetir semanalmente e vi que havia algo errado. O que poderia ser?

Quando o médico deu a sentença, mal pude acreditar.

"Gota".

Gota é um tipo de artrite que ocorre quando o ácido úrico se acumula no sangue e causa inflamação nas articulações. Aquilo impossibilitava que eu continuasse com o bom e velho futebol. Foi quando o médico indicou a natação. Seria algo que me faria bem.

Apesar de ele estar certo, na minha definição algo lhe faz bem quando você realmente gosta de fazer aquilo. E eu definitivamente não gostava de nadar. Entrar na piscina, me submeter ao professor que dava séries de acordo com minhas condições, era como um castigo. E eu nunca me submeti a castigos. Não conseguia fazer algo que não me desse prazer.

Quando eu saía da piscina, observava alguns jogadores treinando na quadra de tênis. Pareciam excitados com aquele jogo. Vibravam a cada conquista, jogavam com a alma. Conforme eu assistia aos jogos, ia percebendo que combinava muito mais com meu estilo do que os movimentos condicionados da natação, e fui atrás da minha liberdade.

Como meu sogro e meus cunhados já jogavam tênis, arranjei companhia para o novo *hobby* e entrava de corpo e alma nas quadras. Era incrível como aquela atividade me fazia sentir bem. Até o momento que comecei a cansar.

E não era exatamente aquele esporte que estava me cansando – eu notei que estava fumando demais.

Coincidentemente, minha filha Sabrina acabara de nascer. Era um período cheio de mudanças. Eu já não conseguia jogar uma partida do começo ao fim. Ficava frustrado, cansado, perdia alguns jogos por conta disso – e percebi que, se não parasse com o vício do cigarro naquele momento, eu iria me destruir.

A decisão foi inevitável. Eu estava focado em ter uma qualidade de vida melhor, e não poderia continuar insistindo em velhos hábitos que não eram compatíveis com isso. Então, parei de fumar.

E parar de fumar pode não parecer algo fácil, mas eu estava tão decidido que, a partir do dia que parei, não tive nenhuma recaída.

Com o passar das semanas, meu desempenho em todas as áreas da vida melhorou. Nas quadras, eu já sentia uma diferença gritante. E, quando você joga tênis, trabalha muito o lado mental, já que 50% do jogo é mental. Ter esse autocontrole quando se está sob pressão não é algo fácil de se fazer. E eu precisava de treino para conseguir isso. Era um exercício absolutamente completo.

Mas eu era um indivíduo um bocado explosivo – e zelar pelo autocontrole era primordial. Caso contrário, eu poderia colocar tudo a perder. Então, em determinado momento, percebi que precisava de ajuda. Já tinha desenvolvido um autocontrole maior, mas frequentemente jogava com pessoas que considerava absolutamente despreparadas.

Assim que contatei o treinador, que atuava como *coach* de tênis, ele disse o seguinte: "Se ele ganhou de você é porque ele sabe jogar".

Para mim, aquilo era inconcebível até então. E aquelas palavras me deram uma lição de humildade. Quem era eu para desqualificar meu adversário? Para tirar seu mérito apenas observando a beleza de suas jogadas? Se, no final, a pontuação dele era maior, certamente quem estava fazendo algo errado era eu.

Percebi que nos negócios muitas pessoas cometiam esse equívoco – olhar a plantação do vizinho e observar o quanto aquilo parecia feio. No entanto, quando viam que a colheita era farta, não conseguiam entender como aquele resultado tinha sido conquistado.

Então ele me presenteou com um livro. O livro se chamava "Winning Ugly", do Brad Gilbert, um *coach* de tênis dos maiores campeões. E comecei a perceber que, para ganhar, não precisava jogar bonito. Precisava dar resultado.

A primeira coisa que detectamos foi que eu não tinha a menor paciência – paciência definitivamente não era meu forte nem dentro nem fora das quadras.

Mesmo que eu fosse observador por natureza e tivesse desenvolvido esse dom desde pequeno, quando olhava para os colaboradores que ajudavam meu pai em sua loja, era urgente que eu respirasse.

"Você não tem que entrar no jogo dele. Você precisa dominar o jogo", ele dizia, me deixando presente para que um treino constante e que fazia com que eu desenvolvesse meu autocontrole, dentro e fora das quadras.

Teoricamente, eu deveria observar o adversário e prever sua próxima jogada – e assim, tomar uma atitude.

Hoje, considero como adversário fora dos campos a economia mundial. Fico antenado em quais podem ser as consequências das eleições americanas na economia brasileira, tentando antever se haverá protecionismo, para mandar a bola de volta depois de preparar a minha jogada.

O meu mental começou a se preparar, já que existem sempre inúmeras probabilidades. E eu preciso premeditar três planos diferentes para cada resposta. Assim, a maneira mais rápida de se ganhar, dentro e fora das quadras, é aprendendo a usar as oportunidades que a partida lhe dá. Então, eu precisava reconhecer as oportunidades, analisar as opções e capitalizar as oportunidades utilizando a melhor opção.

Para isso, eu precisava entender que a partida nunca começava no aquecimento. Ela começava muito antes – na cabeça do jogador. Era nessa preparação mental que eu me lembrava dos jogos já realizados contra aquele adversário. E isso exigia um plano de jogo. Eu precisava de respostas para entender a maior arma do adversário e onde ele era mais fraco. E entender como monitorar suas fraquezas e impedir que ele atacasse as minhas fraquezas – o que era um os fatores mais importantes.

Uma coisa que combinava muito comigo era que, no tênis, quanto maior a simplicidade da jogada, mais ela dava resultados. E eu, mais do que nunca, precisava aprender a respirar para controlar o nível de ansiedade. Na vida, aqueles ensinamentos valiam ouro.

Foi nas quadras que aprendi que em certos momentos não é permitido relaxar, que a intensidade deve ser mantida para se manter o padrão e que a agressividade era necessária na dose certa – tanto no tênis quanto nos negócios.

Quando internalizei todo esse conhecimento e comecei a aplicar no meu dia a dia, notei o quanto experiências absolutamente distintas podem agregar ao negócio de uma maneira subliminar e espetacular. E como devemos estar atentos às jogadas e movimentações, para prever controladamente, como agir estrategicamente, cuidando da mente e das emoções.

Porque, na vida, é como se estivéssemos jogando sozinhos contra dezenas de adversários. E, às vezes, o *match point* vem de onde menos se espera.

PERPETUAR

DNA

É inevitável que muitos me perguntem em quem me inspiro, quando buscam entender minhas práticas e posicionamento, para saber em quem me espelho como líder e gestor. Certamente existem ícones nos quais muitos empreendedores se inspiram, no entanto, na minha concepção, poucos deles são infalíveis. Como seres humanos, somos falhos, e muitas vezes não existem bastidores condizentes com o palco. Quem está com o holofote sobre si não deixa transparecer, em alguns momentos, aquilo que faz quando está sozinho. Este equívoco faz com que eu me abstenha de comentar sobre pessoas.

Por isso, prefiro me inspirar em boas práticas. São pessoas comuns que nos chamam a atenção por terem atitudes que não são roteirizadas. E é nestas pessoas que tento me inspirar e através delas vejo o mundo um lugar mais habitável, humano e que gera esperança para o futuro. Admiro quando vejo uma pessoa jogando o papel no lixo, dando um lugar para uma idosa sentar, ou incitando pessoas a conduzirem as coisas de uma maneira diferente.

Há pouco tempo, vi na televisão imagens exaltando a atitude dos torcedores japoneses nas Olimpíadas, quando eles recolhiam todo o lixo das arquibancadas, e aquilo, de certa forma, me comoveu, principalmente porque muitos líderes são excepcionais quando estão em público, mas não são exatamente aquilo quando ninguém está os observando.

A pergunta principal é: quem somos nós quando ninguém está nos observando? Aqueles torcedores japoneses, mesmo sem estarem sendo filmados, deram o exemplo do que é viver em sociedade: a preocupação genuína com o outro, a percepção clara do coletivo e do individual e uma dose de bondade. Eles não faziam simplesmente porque eram obrigados, porque ganhariam algo em troca ou seriam recompensados com boa fama. Estavam fazendo uns pelos outros, porque entendiam que, quando colaboravam, faziam parte do todo.

Hoje, com a prática do "você está sendo filmado", muita gente percebe que não existe escapatória, e por isso tantas atrocidades acabam evidentes, já que ninguém pode fingir ser quem não é o tempo todo.

Como sou observador, percebo o movimento de grandes ícones que eram admirados, começando a cair, lentamente. Alguns tinham uma vida de bastidores que ninguém conhecia, e quando as pessoas perceberam que seus respectivos discursos não combinavam com suas atitudes, eles começaram a enfrentar sérios problemas. Supostamente, eram líderes bem-sucedidos, mas que, no dia a dia, não praticavam metade daquilo que pregavam. Não cumprimentavam pessoas que não os interessassem, não agradeciam, não lidavam com cordialidade com seus pares e colaboradores. E, ao meu ver, essas atitudes são mais importantes do que o feito daquele ícone. Porque os feitos podem ser grandes, mas construídos a custo de quê?

Ninguém consegue viver com uma máscara o tempo todo. E no China in Box e Gendai, prego que podemos até mesmo lidar com coisas pontuais, já que estamos expostos e somos uma cadeia muito grande, mas não toleramos más intenções.

Por isso, já demiti franqueados quando percebi que os valores não eram mais compatíveis.

Para qualquer relação saudável, seja pessoal ou profissional, deve haver clareza na comunicação, franqueza e sinceridade, e quando isso não acontece, quebra-se a confiança e o relacionamento se enfraquece.

Certa vez tive que lidar pessoalmente com esse tipo de frustração com um franqueado, e confesso que foi desgastante e triste, já que não havia mais motivos para continuarmos juntos. Confiávamos demais num processo e chegamos num limite por perceber uma intenção que parecia sombria. Por sorte, 99% dos meus parceiros e colaboradores e franqueados têm em comum os mesmos valores e isso fica evidente quando os visito em suas lojas. Trocamos boas energias, conversamos sobre sonhos, planos e coisas que vão além do padrão de qualidade do prato que estão servindo.

O que me comove é saber que o filho de alguém se formou, que alguém fez a viagem dos sonhos ou comprou o carro que tanto queria. Essas, para mim, são as provas de que as pessoas estão prosperando, realizando aquilo que vieram para realizar e contribuindo uns com os outros. E se essa vontade de prosperar e realizar está no DNA da empresa, aparentemente, também está em meu DNA.

Não pelo fato de eu ser descendente de japoneses, mas sempre apreciei certas virtudes e valores. Disciplina, compaixão, amizade, trabalho, coragem, perseverança, lealdade e fé, que são virtudes universalmente reconhecidas e necessárias à formação moral de qualquer cidadão, e que ao meu ver deveriam ser pauta de discussões em sala de aula e dentro de casa. A sociedade deveria se esforçar para transmitir certas condutas aos filhos.

Essa sim é a herança positiva que poderíamos deixar a eles.

E se estamos falando de herança, talvez eu não tenha herdado de meu pai, Jorge, a extrema paciência, mas se existe algo que me inspira é a serenidade com a qual ele conduz sua vida. Mas sua história justifica seu temperamento atual.

Minha avó paterna morava no Japão e era uma pessoa da alta sociedade. Sua família era bem-conceituada e ela gozava de certos privilégios, como ter um motorista particular.

O previsto, naturalmente, era que ela se cassasse com algum nobre de alto escalão e perpetuasse o status da família. Só que ninguém contava com o imprevisto, com a vida pulsando em seu coração, quando ela e o motorista da família trocavam olhares.

Jovens desimpedidos, começaram a viver um romance proibido, que alimentava sua paixão. Mas minha avó tinha algo que herdei – a coragem e a determinação. Munida destes dois ingredientes, ela contou aos pais sobre sua intenção de se casar com o plebeu.

A família foi contra e tentaram dissuadi-la de todas as maneiras. Mas ela não podia controlar suas emoções e resolveu fugir para o Brasil, mesmo sob a condição de ser deserdada.

Naquela noite, quando ambos fizeram as malas e vieram para o Brasil, sem nenhum dinheiro, sua família a deserdou e ela constituiu uma nova família no interior de São Paulo. Na roça, mais especificamente, ela se casou com seu grande amor, com quem viveu até o fim de sua vida. Foi dentro deste contexto que meu pai nasceu, ele e seus cinco irmãos que, ao contrário de minha avó, não sabiam o que era luxo, nem riqueza. Mas conheciam o buraco de dentro da casa onde faziam suas necessidades.

Por isso, quando ele vê nossas condições hoje, entende como prosperou, e passa uma tranquilidade no olhar que transmite confiança e sabedoria.

Até um tempo atrás, era meu pai quem cuidava da parte contábil da empresa, atividade que ele já exercia na loja de material de construção. E, nem em seu melhor sonho, imaginava que estaria tão bem e disposto no auge de seus oitenta e um anos.

Saudável, ele sai para dançar com sua atual esposa, tem hábitos excelentes e deixa muita gente surpresa com sua forma física.

Talvez essa energia vigorosa seja proveniente do trabalho. Ele foi uma pessoa que nunca deixou de produzir. Mesmo depois de certa idade, fazia questão de contribuir de alguma forma, e talvez essa seja uma maneira acertada de chegar à longevidade. Hoje vemos uma preocupação exacerbada de pessoas aposentadas que acabam depressivas, dentro de casa, por sentirem-se inúteis. E quem não se sente útil, de alguma forma, corre o risco de enfrentar uma depressão.

Quando era mais novo, presenciei de perto como uma pessoa tem a necessidade de ser útil em algo. Quando morávamos todos juntos na casa de meus avós maternos, minha mãe contribuía ativamente para preparar comida e ajudar com a casa. Quando nos mudamos, coincidiu com a época que fui para Bragança estudar e ela naturalmente ficou com menos afazeres em casa.

Como meu pai ficava o dia todo no trabalho, ela se via sozinha e procurava, nos afazeres de casa, sua satisfação.

No começo, parecia uma preocupação natural de quem gosta de ver a casa organizada, mas aos poucos percebemos que aquilo estava passando dos limites. Nas poucas vezes que a encontrava, ela estava arrumando a casa de uma maneira doentia. Limpava locais que já estavam limpos, encerando-os compulsivamente.

Só que, naquela época, ainda não tínhamos ideia do que seria um transtorno obsessivo compulsivo. Só sabíamos que havia algo errado.

Algum tempo depois, soube que aquela era uma porta de entrada para a depressão. E, mesmo que ela tenha dado sinais claros, não conseguíamos enxergar que havia um vazio em sua vida que ela preenchia daquela forma. Aos poucos, sua personalidade foi mudando completamente e, muitas vezes, não conseguíamos reconhecer aquela pessoa com a qual tínhamos tanta afinidade.

Minha mãe tinha como característica principal ser extremamente severa, exigente e explosiva. Embora eu não seja tão severo, me vejo com seu perfil exigente e explosivo. Ao mesmo tempo, como bom canceriano, sou uma pessoa movida pelas emoções. Não apenas na vida particular, como nos negócios.

Dentro do ambiente de trabalho existem vantagens e desvantagens de ser emocional. Se, por um lado, eu sou extremamente transparente e mostro o que realmente sou, minha autenticidade e espontaneidade podem chocar, já que a franqueza também é uma das minhas particularidades.

Em alguns momentos, percebo que falo antes de pensar, e isso incomoda. Quando percebo que magoei alguém, principalmente em uma reunião, em público, peço desculpas imediatamente. Reconhecer meus erros também faz parte do meu dia a dia, mas, mesmo assim, muitos dizem que têm receio de conversar comigo.

Nas vezes que discutimos relações aqui dentro da sede da empresa, recebo o *feedback* que utilizo uma tonalidade de voz e uma maneira de me comunicar que inibe as pessoas. E como não percebo isso, acabo fazendo uma autoavaliação e me perguntando: "Em qual momento falei algo com um tom de voz inibidor?".

Vez ou outra, quando alguém se refere a mim, pergunto se a pessoa tem certeza de que não se trata de outra pessoa. Mas minha análise é que, quando converso, não tenho o hábito de florear ou dizer nada que não seja verdade. Sou tão transparente que isso incomoda. Política e diplomacia não seriam boas carreiras para uma pessoa como eu.

Em determinada ocasião, fiz um teste de avaliação de perfil comportamental chamado DISC, que avalia a dominância, influência, estabilidade e complacência de cada profissional. Quando a Margarete, que trabalha conosco no RH revelou que apenas 0,26% das pessoas têm a mesma característica que eu, fiquei preocupado.

Afinal, aquilo seria bom ou ruim?

Comecei a notar que havia heranças no meu DNA, que a genética muitas vezes era implacável e eu devo ter herdado características que decisivamente contribuíam para que eu me tornasse quem sou hoje.

Decidi acreditar que aquele era um bom resultado. E, se eu era o resultado de uma decisão de uma avó implacável e decidida, que corajosamente enfrentara tudo e todos em nome de uma paixão, desmedidamente, também tinha em meu sangue, a característica de meus avós maternos, que sabiam unir pessoas e se relacionar. Eu era único. Somos únicos.

Resta saber o que fazemos com cada uma de nossas características.

Eu decidi canalizar minha energia para o trabalho. E, dentro dele, encontro minha maior realização. Resta saber se tudo aquilo que plantei, semeei e deixarei como herança irá se perpetuar.

PASSANDO O BASTÃO

Em todas as reuniões em que participo, discutimos pautas de desenvolvimento de produtos e comparamos de maneira macro e micro o desempenho de cada região. Assim temos como equiparar com a média do Brasil. É nessas reuniões que falamos de marketing e de todas as exigências que os franqueados sempre nos trazem. E, por incrível que pareça, elas são sempre as mesmas.

Há 20 anos.

Os problemas com operador logístico surgem em pauta, a redução de custos e matéria-prima, a preocupação com mão de obra, que é um problema universal, e a melhoria de processos.

Vemos que algumas destas dificuldades são inerentes ao negócio – e esse é o trabalho do franqueador, responder de maneira diferente às mesmas perguntas.

Obviamente, eu brinco dizendo que respondo há 20 anos as mesmas perguntas. E, das últimas vezes a crise política no Brasil e em outros países tem trazido maiores questionamentos, que exigem que eu entenda como coisas que, aparentemente, estão longe, reverberam em nosso negócio.

Se quando era jovem não me interessava por política, a partir de 1997 passei a ler absolutamente tudo a respeito. Quando houve uma crise na Ásia e ela impactou nas vendas, não conseguia entender como era possível que aquilo acontecesse. Então, passei a devorar artigos políticos para entender diversos pontos de vista acerca do tema e poder formar minha opinião.

Hoje, acompanho principalmente a taxa de desemprego no Brasil. Para o varejo e para o setor de alimentação, é extremamente importante saber destes indicadores, já que podemos calcular o *ticket* médio de cada consumidor. Assim, percebi que o emprego era o termômetro que mais impactava em nosso negócio.

Além disso, eu sempre tinha que observar o vaivém da política internacional. Quando Donald Trump ganhou as eleições nos Estados Unidos, houve uma histeria geral no mundo todo. Ninguém sabia o que poderia acontecer a partir de então, e a volatilidade impacta nos negócios até que ele assumisse a presidência. No entanto, a dúvida geral era se ele implementaria o que discursou.

Como o discurso do candidato era mais intervencionista, protegendo a indústria americana, a preocupação geral era que suas intervenções impactassem no dólar, que naturalmente impacta na taxa de juros. E se impacta na taxa de juros, as pessoas ficam, na maioria das vezes, desempregadas. E se as pessoas estão desempregadas, elas não consomem. Logo, as vendas das lojas caem. O medo geral da população era de ele fazer o prometido, já que se o fizesse, o dólar migraria para os Estados Unidos e, como a maioria dos insumos é importada, estaríamos à beira de um colapso.

Logo que ele foi eleito, perguntaram a mim se eu o admirava em alguma esfera, quando ele ainda era apenas um empresário. Mas não sei até que ponto ele teve bons valores e princípios para adquirir seu patrimônio.

Então, o que o teria eleito?

Outro dia, li uma matéria escrita no Meio e Mensagem, dizendo que, em 1974 a cientista política Elisabeth Noelle propôs uma teoria segundo a qual as pessoas muitas vezes têm medo de expressar opiniões contrárias à maioria, por medo de serem constrangidas. Seria a tal "espiral do silêncio". Isso explica algumas surpresas.

E, como muitos não estão em nosso convívio social, acabamos discutindo coisas utópicas nas redes sociais, por isso, muitas eleições acabam sendo imprevisíveis.

Mesmo com a política mundial mostrando cenários que podem não colaborar com os negócios, entendo que minha maior dor de cabeça não vem do presente – ela está localizada no futuro. O futuro do China in Box.

Hoje, a palavra "sucessão" é um dos temas que mais nos preocupam dentro da empresa – tanto a sucessão de franqueados, quanto a interna.

A questão veio à tona quando percebemos que muitos de nossos franqueados que começaram com aproximadamente 45 anos, hoje estão beirando os 75, e é inevitável pensar na sucessão deles dentro de cada loja, já que estamos falando de um grande número de lojas com um faturamento relevante para a rede.

Então, nos perguntamos rotineiramente: "Como resolver o problema de sucessão dentro da empresa?"

A primeira vez que esse assunto veio à pauta, ele me tirou o sono. Eu simplesmente não conseguia imaginar uma solução plausível e eficaz para franqueadores e franqueados. Então, comecei a visitar cada uma das lojas para saber um pouco dos planos de cada um. Mas poucos sabiam efetivamente o que fazer.

Inicialmente, pensamos se os filhos não poderiam assumir, já que sucessões geralmente acontecem desta forma. Quando o filho não assume, a única alternativa viável é a venda do estabelecimento. E, com a dificuldade de se vender algo com a economia instável no Brasil, meu medo crescia assustadoramente.

Os cenários que eu imaginava eram aterrorizantes. Se colocassem gerentes, não consideraria como sucessão, já que seria uma alternativa paliativa de se conduzir a loja. Poderíamos cogitar a venda parcial, mas a longo prazo aquilo não se sustentaria, já que o relacionamento do gerente é com o proprietário do estabelecimento. E, se acontecesse algo com esse proprietário e seu filho assumisse, as coisas poderiam azedar, já que a relação de anos entre o dono e o gerente era o que garantia a estabilidade e alto padrão. Quando se coloca uma pessoa que nunca teve um relacionamento com o negócio, tudo pode acontecer.

Ao mesmo tempo, com essa mudança de gerações, se o negócio acaba passando de pai para filho, muita coisa muda. Isso transforma as características do negócio, já que o sonho da pessoa que fará a sucessão é diferente do sonho do indivíduo que franqueei há vinte anos. Os propósitos são outros.

Como alinhar tudo isso?

Inicialmente, meu plano foi começar a conversar tudo de novo. E minha sorte é que vi muitos dos filhos dos franqueados crescerem, participando de reuniões – e muitos deles carregam a história do China no próprio DNA, pois viviam na loja desde pequenos.

Quando me dei conta de toda essa transformação que poderia acontecer, percebi que não deveria temer a mudança.

Mudança é vital para qualquer negócio, e querendo ou não, ela vai acontecer. E essa certeza é que me fez perder todo o receio que me consumia e drenava minhas energias.

Só devo estar ciente de que haverá constantemente algo a ser mudado, e se eu estagnar e minha mentalidade não acompanhar as mudanças, estou fadado a fracassar.

Muitos negócios têm um apego do fundador em mudar certas premissas. Mesmo vendo que tal coisa pode não funcionar, o líder insiste em ficar parado no erro. Esse olhar é o diferencial de quem está em constante mutação, já que o futuro não espera.

Não podemos fugir das mudanças. Elas nos movimentam para lugares inesperados, mas podem injetar uma dose de adrenalina e motivação ímpar.

Com a sucessão dos franqueados em pauta, evidentemente começamos a falar sobre a minha sucessão. E então, as coisas se tornaram mais complexas.

Meu filho mais velho, o Rafael, formou-se em hotelaria, e isso sempre foi conversado entre nós, já que existe a hipótese de ele assumir meu lugar. Mesmo assim, sempre repito que quero um sucessor, e não um herdeiro, já que herdeiro ele já é.

Muitos gestores acabam colocando os filhos como enfeite e já vi casos de transições malconduzidas que fizeram impérios ruírem.

Somos de família simples, construímos tudo a duras penas, mas sei que a pessoa que fizer minha sucessão será extremamente cobrada. Cobrada e comparada a mim.

Como fui o fundador, criei e construí essa imagem, percebo que a pessoa deve estar muito bem preparada. Preparada para ser comparada. E esta comparação será eterna enquanto houver pessoas que tiveram contato comigo. O segredo é que o sucessor entre e coloque seu jeito próprio de administrar.

Por isso, sempre digo que não existe estabilidade nenhuma em nenhum negócio. Sempre estamos lidando com desafios e fatores externos que podem nos desestabilizar a qualquer momento.

Depois que nascemos, todo dia é uma surpresa – sendo empreendedor, funcionário, cantor ou em qualquer outra atividade.

Cada fase da vida tem sua preocupação. E, se posso me orgulhar da perpetuidade do negócio que construí, é porque

tive uma base sólida, com valores transmitidos pelos meus ancestrais, que tatuaram em meu DNA coisas que jamais poderei esquecer. Da mesma forma, espero que meus filhos recebam essa herança. Genético ou não, é esse o legado que deixo para a posteridade.

TÚNEL DO TEMPO

Até alguns anos atrás eu fazia planejamentos para os próximos dez anos. Hoje planejo para o ano seguinte, já que o empreendedor não consegue ter uma visão a longo prazo devido à instabilidade política e econômica.

Além disso, a velocidade com que as coisas mudam faz com que tenhamos que nos reinventar, porque a reinvenção vem de uma demanda e os anos me mostraram que, quanto pior o cenário, mais criativos temos que ser.

Certo dia, olhando para o espelho, fiquei pensando em quantas coisas se desenrolaram ao longo destes anos e me transformaram no Shiba que sou hoje.

Se eu pudesse entrar num túnel do tempo para conversar com aquele jovem empreendedor que começava a colocar um sonho em prática, sem saber o que o futuro traria, eu diria: "Seja menos ansioso".

Minha ansiedade, no início, era extrema. Eu não dormia e passava noites e noites fritando diante da televisão, com a mente em polvorosa com tudo que queria colocar em prática no dia seguinte. As horas iam passando e eu queria que chegasse logo o momento de fazer o que eu precisava fazer. Era uma ansiedade de realizar, mesmo que eu não sofresse por antecipação, queria pular etapas. Não aguentava ver as coisas não realizadas. Ao meu ver, era necessário ver tudo acontecendo com rapidez. Não tinha medo de realizar, e minha ânsia era de que o dia tivesse mais de 24 horas produtivas, para que eu pudesse realizar furiosamente tudo aquilo que minhas ideias semeavam.

Quando o dia clareava, lá estava eu acordado. Em alguns momentos a Márcia me observava, com sua aparência delicada de quem dormira a noite toda, e perguntava se eu não conseguira pregar o olho. Enquanto eu preparava o café, respondia o quanto estava ansioso pelo dia chegar.

Nunca conheci um único empreendedor que não sofresse desta forma. Talvez seja uma característica da extrema dedicação que o início do projeto exige. E quando sofremos desta maneira visceral, é que a paixão está circulando dentro do corpo, junto ao sangue que corre pelas veias. É essa paixão que faz a vontade de dar certo ser desmedida e traz uma certeza incomparável ao indivíduo.

Muitas vezes, acreditei que aqueles que não se dedicavam a tal ponto não estariam tão envolvidos com o empreendimento que nascia, ou seriam frios o suficiente para conseguir virar a chave e dormir profundamente. Talvez a convicção fosse tanta que como eu tinha cem mil por cento de certeza de que aquilo ia funcionar, queria dar o meu máximo para poder mostrar que realmente funcionava.

Hoje vejo muitos empreendedores na defensiva. Empreender já pensando em culpar alguém, se algo der errado. Uns colocam a culpa na burocracia, outros na economia, e mais uns nos impostos. Poucos entram com a gana de ganhar, pensando que é impossível dar errado.

Acreditar, de fato, traz uma dose de inconsequência. É a vitamina dos sonhadores que realizam aquilo que faz parte do seu universo e tentam, sem cessar, dar vida a tudo aquilo que imaginaram e ousam.

Enquanto somos bombardeados por pessoas que falam justamente o contrário, ou nos desmotivam, somos como maratonistas incansáveis, que percebem que a linha de chegada está próxima, mesmo que seja impossível visualizá-la. Esse acreditar que vem do âmago é parecido com a fé incontestável de quem coloca uma intenção e é extremamente condizente com aquilo em que acredita.

Sem essa convicção e uma dose de inconsequência, é provável que não estejamos 100% alinhados com o sonho ou comprometidos com a realização dele.

Eu ouso afirmar que é impossível dar errado quando existe essa inegável vontade de fazer acontecer. O que eu chamo de chama contaminadora – uma faísca irreversível que contamina todos com uma alegria positiva e faz as pessoas entrarem em sintonia com o sonhador, ao perceber que sua ousadia e coragem é tamanha que a possibilidade de ele estar certo se agiganta.

Muitos acabam sendo arrebanhados para sonhos de terceiros por serem chamuscados por essa força que arrebenta com as crenças limitantes e traz uma fé improvável e incondicional.

E, quando ouço que tive sorte, sorrio, pois lembro que quando estava diante daquele sonho, nascido em São Francisco, ao lado de colegas mexicanos no fundo de um restaurante, podia ter encontrado inúmeros motivos para discursar, caso eu fracassasse ou deixasse de colocar em prática aquilo que almejava.

O primeiro desafio foi a realidade – voltar ao Brasil e ter que terminar a faculdade teve um grande peso em minha vida. Mas a ideia continuava lá, à espreita de uma oportunidade.

Logo que minha mãe faleceu, minha família ficou devastada. E eu tinha uma escolha – podia me embrenhar numa depressão, lamentando o ocorrido, sem ver a felicidade na vida, ou tocar minha rotina, mostrando que ela havia partido, mas nossa vida continuava, e precisávamos nos reerguer.

Em seguida, ainda com a vontade de abrir o China in Box, me vi prestes a ser pai, diante de uma grande responsabilidade – arcar com os custos de uma família. E logo depois, a perda de um de meus melhores amigos, o Marcelo, com quem eu viajara para o exterior na juventude.

Todos esses fatores poderiam ter me desestabilizado, mas decidi encarar os fatos e entender que não haveria momento ideal – na vida, não há. Em cada período passamos por dificuldades distintas. Seja no âmbito familiar, ou de saúde, ou financeiro, ou econômico, quando percebemos estamos sendo engolidos pelos fatores externos e mal conseguimos ficar em pé. Só que um empreendedor precisa de energia, uma energia positiva que faça os olhos de todos que estão ao redor brilhar.

Então, quando tudo parecia pronto, houve o Plano Collor, congelando a poupança dos brasileiros, a inflação a 100% ao mês, e o impeachment do presidente. O cenário não poderia ser mais desastroso. Mas eu decidi que, qualquer que fosse o cenário, eu realizaria meu sonho. E essa decisão foi vital para que eu continuasse a acreditar que, embora nada saísse como eu planejava, a vida se encarregava o tempo todo de mostrar desafios – e cabia a mim entrar num processo de *flow* e passar por eles, como um jogador dribla seus adversários.

Na época tive que lidar com desafios que poderiam ter me desencorajado, mas eu sentia, dentro de mim, que aquilo ia dar certo. Minha certeza era infinitamente maior que os problemas que eu enfrentava.

Assim, logo que começamos, mesmo comprando os insumos em sua forma bruta, sem processar, cortar, e contando com poucas pessoas, me via realizando. E como realizador, eu percebia que os sonhos poderiam sair do papel diferente de como tinham sido projetados, mas essa diferença era a prova de que podiam ser realizados. O importante era realizar, mesmo sem perfeição.

Quando vejo pessoas, com facilidades incontestáveis, acomodadas e reclamando, percebo que falta no empreendedor brasileiro uma dose de ousadia, para que possa se antecipar, fazer, pensar naquilo pronto mesmo que precise dar um passo por vez. O fato de as coisas virem mastigadas deixa muita gente numa posição de inércia. Além disso, quando comparamos a produtividade do Brasil com a de outros países, nota-se uma diferença brutal – japoneses e americanos trabalham de maneira diferenciada e mesmo que lá a indústria e a logística funcionem, a produtividade do colaborador é o grande diferencial. Além do mais, o processo parece ser melhor desenhado.

Cada dia mais percebo que a franqueadora futuramente terá o papel de fornecer esse processo desenhado, para que o franqueado apenas cumpra o combinado com os colaboradores. Uma rotina de cada processo, organizada de forma que a produtividade seja pautada pela excelência da mão de obra.

SÓ QUE UM EMPREENDEDOR PRECISA DE ENERGIA, E UMA ENERGIA POSITIVA QUE FAÇA OS OLHOS DE TODOS QUE ESTÃO AO REDOR BRILHAR.

Caso contrário, o franqueado que não tiver noções básicas de gestão pode meter os pés pelas mãos e colocar tudo a perder.

Mas, se falasse para o Shiba do passado ser menos ansioso, se tivesse a oportunidade de olhar para o futuro, veria através do túnel do tempo que a sociedade está em boas mãos. E quem me faz ter certeza disso são as gerações que estão começando a despontar e fazendo a diferença com inventividade, extrema dedicação e senso de coletividade. Aos poucos, percebo crianças que se tornaram jovens engenhosos e empreendedores, com o pouco que tinham, e fico comovido ao perceber o brilho nos olhos de quem tem esperança.

Certo dia, enquanto participava do Shark Tank Brasil, tive a certeza de que o futuro, ao contrário do que dizem, será de prosperidade e pautado por iniciativas de jovens extremamente competentes dentro de suas pequenas ambições. Um garoto de apenas quinze anos – chamado Davi – conseguiu arrancar lágrimas de todos os jurados que, emocionados, sorriram e se deixaram impressionar por tamanha convicção.

O Davi começara a empreender cedo, quando pegava o material escolar da loja de sua mãe e vendia informalmente para os amigos de sala, ainda com onze anos. Aos poucos, foi percebendo que havia uma demanda que ele podia atender, e se dedicou ao segmento de material escolar, juntando-se com amigos programadores para criar um mecanismo que fizesse as pessoas poderem escolher e comparar preços na compra de material.

Embora não tenha conseguido investidores para seu projeto, sua coragem, ousadia e perseverança não deixavam dúvidas de que estávamos diante de um menino que representava uma geração de crianças prodígio – antenadas com tecnologia, familiarizadas com nichos de mercado e interessadas em progredir. Nessa hora, fiquei entusiasmado e contente. Essas pequenas demonstrações me fazem perceber que estes exemplos positivos serão responsáveis pelo futuro do país e do mundo.

Acompanho alguns garotos que cresceram com esse ímpeto e me entusiasmo à medida que vejo o progresso de cada um deles. O Eduardo Lira, que escreveu Gerando Falcões, por exemplo, me deixa boquiaberto com suas atitudes inspiradoras, que fazem com que muitos mudem a rota de suas vidas ao acompanhá-lo.

Aos 29 anos, ele tem um networking invejável e consegue juntar fundadores e presidentes de empresas engajando-os em propósitos similares. Como continua morando na periferia, onde nasceu e cresceu, mostra através de sua conduta o quanto é possível se destacar mesmo quando todas as condições externas não contribuem. Filho de presidiário, ele cresceu ouvindo que seu pai era bandido, e precisou ter sangue frio para enfrentar a realidade na comunidade onde vivia e não se enveredar para o lado dos traficantes. Sua mãe, doméstica, foi a responsável por transmitir valores e incentivá-lo. Hoje, ele se tornou um jovem de referência dentro da comunidade onde vive, com o propósito de mostrar o quanto podemos nos tornar falcões, mesmo quando estamos em condições desfavoráveis.

Ao mesmo tempo que vejo exemplos épicos de jovens engajados, fico perplexo quando noto pessoas com síndrome de vitimização, colocando-se num lugar como se não fosse possível transformar a realidade por onde vivem. Vejo a vitimização como uma desculpa e o discurso dessas pessoas é de que não existem oportunidades. No entanto, poucas dessas pessoas são capazes de assumir a responsabilidade e mostrar que são capazes de mudar, já que parece mais fácil jogar a culpa em terceiros.

A máxima "quem quer dá um jeito, quem não quer arranja uma desculpa" é aplicável nestes casos.

Quando me perguntam qual o culpado por isso tudo, sou categórico – acredito que a preguiça seja o pior dos pecados capitais, já que ela é forte e deixa as pessoas num círculo vicioso. Quem entra nessa jornada sente-se inerte perante a sociedade e acredita que, sem os fatores externos – intransponíveis em sua mente – ele poderia ser um super herói.

O que poucos sabem é que em qualquer situação é possível colocar-se como protagonista e dar a volta por cima. Para o empreendedor, a ferramenta estará em suas mãos sempre e existe um meio de procurar oportunidades em qualquer circunstância por mais desfavorável que pareça.

No *reality show*, onde os donos de *startups* apresentam seus negócios para que os investidores possam investir nelas, prova-se isso: hoje basta uma boa ideia na mão para que ela seja desenvolvida e colocada em prática. Se acreditamos em nosso projeto e temos uma boa capacidade de convencimento, podemos buscar pessoas que acreditem no projeto e trabalharmos juntos. O *private equity*, por exemplo, é um tipo de atividade financeira que pode promover isso. Desta forma, instituições investem essencialmente em empresas não listadas em bolsa de valores e fechadas ao mercado de capitais, com o objetivo de captar recursos para alcançar o desenvolvimento da empresa.

Isso pode ser feito através de *venture capital*, que é um investimento na fundação ou empresa nova, num *buy out*, que é a aquisição de uma parte significativa ou até mesmo do controle de uma empresa, ou numa situação extraordinária, que traz o investimento em empresa que passa por dificuldades financeiras ou sofre mudanças impactantes.

Um grande número de coisas é construído, hoje, sem que haja dinheiro no bolso. Por isso, acreditar em suas ideias é a receita para prosperar. Acreditando, conseguimos ter um poder de convencimento maior e engajar terceiros no mesmo sonho.

Por outro lado, muitos sonham sem ter o pé no chão. São aqueles que não pensam na perpetuidade do negócio, e se ele tem vida a longo prazo.

Frequentemente, empreendedores me procuram para buscar investimentos para seus negócios. Depois que passei a integrar o time de investidores do Shark Tank, esse número triplicou. Mas o que tenho percebido é que grande parte dos sonhadores estão mal preparados quando colocam uma ideia em prática. Muitos negócios surgem com nenhuma barreira de entrada e acabam sendo inviabilizados. E o que define estas barreiras é o grau de dificuldade para que potenciais competidores entrem em determinada atividade.

O grau de dificuldade pode estar associado a diversos fatores e quanto mais importante a barreira, mais tempo o empreendedor tem para dominar o mercado sem que haja concorrência. Desta forma, um produto com zero barreira de entrada pode facilmente ser copiado e, num negócio em expansão, que requer o entendimento do ciclo, a correção das falhas, existe uma grande facilidade para que haja concorrência e ocasionalmente uma dificuldade de crescimento.

Assim, mesmo que a ideia seja excelente, sem barreiras de entrada é inviável investir. E, desta forma, o negócio não terá perpetuidade.

Como vejo o negócio como franqueador, tenho a premissa de que ele deve realizar sonhos e ajudar pessoas a construírem suas vidas. E isso leva tempo. O tempo de uma vida. Quem empreende ideias de curto prazo pode ser considerado um criador de ideias "serial". Cria uma, duas ideias e depois as vende. Não quer colocar a mão na massa. Simplesmente botar para jogo e alguém que a transforme em realidade.

Se houvesse um túnel do tempo, onde pudéssemos transitar livremente para saber se as ideias darão frutos, talvez fosse mais fácil. Enquanto isso não é possível, vale ouvir as vozes da experiência, e tentar projetar expectativas alinhando com a realidade, sempre ansiando por melhorá-la e acreditando que um impulso com convicção faz mais sentido que um tiro no escuro.

CONFIAR

TRANSPARÊNCIA, A ALMA DO NEGÓCIO

Eu ainda era jovem quando presenciei a primeira discussão entre os quatro sócios da loja de materiais de construção do meu avô. Meu avô tinha um temperamento controlado, mas quando estavam todos defendendo seus interesses, as discussões pegavam fogo.

Como cada um deles detinha 25% da empresa, quando havia uma discordância qualquer, nenhum dos sócios tinha o poder de decisão. Ficavam travados, entre opções, sementes jogadas e insinuações e hipóteses levantadas. Lembro-me dos impasses eternos e de cada um tentando persuadir o outro acerca de seu ponto de vista. As conversas, muitas vezes exaltadas, eram demoradas e não se chegava num consenso.

Aquela cena se repetiu o suficiente para ficar marcada na minha memória infantil. E eu só fui resgatá-la quando me dei conta de que corria o mesmo risco ao iniciar uma empresa também familiar.

Sempre gostei das coisas ditas. O que não era dito e ficava nas entrelinhas me perturbava com a força de um vulcão prestes a entrar em erupção.

Logo eu, um homem sem meias palavras, via-me compelido a ser diplomático caso houvesse uma situação qualquer que pudesse nos desviar. Eu era incapaz de conduzir uma discussão na qual não pudesse decidir. Na qual não pudesse liderar e apontar o caminho.

Eu estava envolvido demais com a ideia do China e tinha a mais absoluta certeza de que minhas convicções estavam alinhadas com o sucesso.

Quando começamos, era eu, meu pai e a minha irmã, Helen. E eu tinha a preocupação adicional de já estar casado e ter um filho, então, sabia que a relação societária deveria ser discutida antes de qualquer outra coisa.

Se sociedade é um assunto tabu para os outros, para mim sempre foi de vital importância que falássemos sobre aquilo. Como conduziríamos as decisões importantes? Quem teria o voto de minerva? Qual seria a conduta caso um de nós estivesse insatisfeito com um resultado qualquer?

Me apavorava a ideia de não ter aquilo exaustivamente discutido, e, em meu íntimo, eu previa que essa deveria ser a condição ideal de qualquer negócio.

Eu estava casado, a Márcia passara a ser da família Shiba, e eu tinha a preocupação adicional de que, se eu morresse, ela ficaria em meu lugar como sócia.

Portanto, precisava discutir aquela sociedade para que não houvesse mal-entendidos. Os ruídos de comunicação eram perturbadores e poderiam colocar tudo a perder num negócio mal estruturado.

Boas relações societárias podem ser perenes quando são definidas com transparência. E eu deixava isso tão claro que chegava a ser grosseiro. Mas era imprescindível que houvesse alguém com voz de comando para que nos momentos de impasse essa pessoa pudesse decidir o que fazer e conduzir a equipe.

E eu sabia que esse papel era meu.

Não que eu tivesse ânsia por poder ou comando, mas não queria correr o risco de terminar nossas discussões como aquelas que presenciava na loja de construção, naquela espiral de palavras sem fundamento que não agrega nem promove mudanças.

Para que essa dinâmica ficasse clara, no dia que efetivamente sentamos e conversamos a respeito, dei um exemplo extremo para que eles entendessem do que estávamos falando.

Estávamos eu, meu pai, Jorge e minha irmã, Helen. E todos tinham plena consciência de que quem mandaria no China in Box seria eu, embora não imaginassem que eu seria tão incisivo em minhas colocações.

Quando estava tudo claro e eles haviam concordado que eu teria o voto de minerva e poder de decisão nas mãos, soltei:

"Estamos falando de algo que pode ultrapassar limites de boa convivência familiar. Se eu cuspir no chão da loja, por exemplo, e mandar que vocês limpem, vocês vão limpar. É esse o nível de voz de comando".

Eles se entreolharam, surpresos com o exemplo que eu havia dado e, mesmo sabendo que eu jamais faria algo parecido, entenderam que seria esta a dinâmica de relacionamento na sociedade. Caso contrário, não iria funcionar.

Existe um ditado que diz que numa tribo é impossível que haja dois caciques, e eu concordo plenamente. Se houvesse alguém com um perfil de liderança parecido com o meu dentro da empresa, poderíamos bater de frente e jamais conseguiríamos resultados, já que a guerra de egos atrapalha o andamento do negócio.

Conforme fomos crescendo como empresa e equipe, continuei liderando, mesmo quando o Gendai passou a fazer parte da rede. Minhas condições foram bem explícitas e o Sadaki não recuou diante de meus ideais. Ele dizia que eu tinha um poder de convencimento maior e seria mais adequado que fosse o presidente e líder. Anos depois, com a entrada do fundo de investimento, percebi que tudo aquilo que eu fazia informalmente estava absolutamente coerente, já que as negociações vieram ratificar isso.

Nos acordos entre acionistas, que pedem transparência, também assinamos um contrato que dizia que teríamos que persistir por pelo menos mais cinco anos no comando da empresa liderando os projetos. E era fundamental que cumpríssemos o combinado.

Ao meu ver, muitas empresas familiares acabam colocando tudo a perder simplesmente porque confundem relacionamento pessoal com relacionamento societário. E este precisa ser exaustivamente discutido antes mesmo de começar uma sociedade.

Quando me perguntam uma das razões do sucesso da nossa equipe, tão engajada, unida e harmônica, sou enfático em dizer que a chave disso tudo é a boa convivência que se dá após um relacionamento transparente.

Entre sócios o fator preponderante é que haja transparência, e percebo que muitas pessoas ficam constrangidas em discutir eventuais problemas que podem acontecer quando se tem um grau de amizade avançado.

Na mesa de negociação, não pode haver hesitação. Todos os problemas devem ser explicitados e as pessoas envolvidas precisam entender como devem ser resolvidas determinadas coisas antes que virem uma bola de neve.

Já vi exemplos de empresários que estavam bem com seus sócios enquanto sentavam numa mesa de bar para tomar cerveja ou iam jogar bola juntos comemorando os lucros. Mas, se quando a empresa está próspera é fácil, quando começa a dar prejuízo é que começam as divergências. Aí começa o impasse.

Por isso, deve haver a mais absoluta clareza para se definir quem dá a palavra final quando existe um impasse, principalmente quando este impasse for motivado por problemas financeiros.

Ao meu ver, este contrato, firmado entre as partes, traz uma transparência que diz mais que palavras – e a relação continua, independente das brigas por motivos profissionais que possam impactar no relacionamento.

Costumo dizer que dentro da Trend Foods eu sou o Robinson, e fora dali sou o Shibão. E quem me conhece sabe que é exatamente assim que funciona. Quando me exalto nas reuniões, podemos ter discussões ferrenhas defendendo pontos de vista distintos, mas quando estas conversas são encerradas, fica evidente que eram em prol de uma visão de negócio, e em nada alteram a estima que eu tenho pelos profissionais com os quais me exaltei.

Já houve situações curiosas, no começo, quando lidava com pessoas que não estavam habituadas em separar assuntos pessoais de assuntos de trabalho. Elas me viam cuspindo fogo dentro da loja e, quando eu passava da porta para fora, era capaz de sorrir para a mesma pessoa com a qual estava discutindo minutos antes. Embora eu tenha essa facilidade de interagir de diferentes formas, independente do meio onde me encontre, muitos têm dificuldade de fazer essa divisão. Já vi pessoas brigando no ambiente de trabalho por motivos profissionais, e levando as discussões para além dos limites do trabalho – o que afeta a relação de amizade, que fica, independente da desavença profissional.

Fora do escritório, eu sou a pessoa que fala sobre futebol, filmes, música, e em certas ocasiões, aqueles que não conheciam a minha forma de lidar com isso, achavam que era alguma espécie de bipolaridade, já que eu podia chutar o pau da barraca, literalmente, dentro da sala de reunião, e sair dali como se nada tivesse acontecido.

Alguns dizem que até meu vocabulário muda dependendo de onde estou circulando e eu entendo que isso seja necessário, temos que adequar a linguagem conforme o assunto a ser tratado e as pessoas que estão ao nosso redor.

O Rafael, meu filho mais velho, também é dotado da mesma habilidade. Quando o levo comigo nos lugares, percebo o quanto ele é cativante e carismático por onde estiver. É aquele tipo de pessoa na qual os outros confiam imediatamente, por se mostrar disponível para conversar, ouvir e atender as necessidades imediatas.

Assim como eu, quando jovem, detectava coisas que me desagradavam na loja de construções de meu pai, o Rafael também observa – e muito – o negócio do qual é herdeiro. Como ele sempre trabalhou no mercado corporativo, enxerga que poderia haver algumas melhorias na estrutura do escritório. Sob seu ponto de vista, como é uma empresa familiar, o número de pessoas contratadas foi crescendo, a estrutura organizacional não tinha papéis muito definidos e contratamos mais que despedimos. O Rafa tem a visão de que o relacionamento que os franqueados estabeleceram com a franqueadora aproxima-se de um relacionamento familiar – como amigos que precisam de uma "ajudinha aqui e ali", e acredita que, por mais que uma mudança na relação trouxesse um impacto negativo, traria uma eficiência de processo que seria benéfica para ambos os lados.

Confesso que, até a entrada do fundo de investimento, eu dizia de forma irônica que isso aqui era uma grande estatal. Chegamos a ter 130 pessoas e isto custou muito caro para a empresa – em todos os sentidos, mas não podemos culpar a estratégia de contratar e não demitir, já que esperávamos que houvesse uma grande expansão da rede e são estruturas que exigem isso: cada loja traz 20 funcionários e obrigações acessórias para se fazer uma expansão acelerada.

No que diz respeito à estrutura organizacional, embora os papéis sejam bem definidos, obviamente os diretores cumprem dois papeis – são diretores executivos e sócios, então o fato de eles serem sócios faz com que não meçam os resultados e não sejam cobradas metas.

Em contrapartida, a remuneração dos diretores sócios não é de mercado. Eles ganham um terço do que ganha um diretor do mercado corporativo, mas visam a divisão dos lucros. Os pontos positivos e negativos são equilibrados, já que eles gozam de flexibilidade total de horário, autonomia, e cumprem seus papéis de maneira diferente.

Ao longo dos anos, já tivemos executivos profissionais que entregavam mais que um sócio, mas a produtividade estava relacionada ao tempo dedicado ao trabalho e à remuneração fixa.

A maioria das empresas começou como empresas familiares. Da mais bilionária à *startup*, um dia elas foram compostas por membros de uma mesma família e eram informais. Só que muitas delas quebraram porque fizeram uma transição do familiar para o profissional de uma maneira muito acelerada – dezenas delas tinham fundadores que cederam espaço para fundos de investimento e viram a coisa degringolar.

Muitos grandes bilionários também se arrependeram de vender suas empresas e as recompraram, na tentativa de reerguê-las novamente.

Por outro lado, também existe a situação inversa – na qual a empresa familiar não faz essa mudança de uma maneira efetiva. E talvez o segredo esteja em como se dá essa transição. Não pode ser algo disruptivo.

O ideal é inserir executivos à medida que sócios começam a ceder suas cadeiras e, mesmo dentro do China, já fizemos isso de maneira dosada e ponderada, sabendo que nosso negócio é absolutamente embasado em relacionamento.

Por isso, valorizo a gestão de pessoas de maneira única e acredito que ela possa ser construída aos poucos. Se houvesse uma aceleração na profissionalização, poderíamos ganhar em processos, mas perderíamos em relacionamento.

Ser uma empresa familiar é diferente de ser uma empresa amadora.

Muitas empresas acabam lidando com os negócios familiares de maneira amadora, e esse é o x da questão. Na própria loja de construção de meu pai, eu percebia uma inadequação de papéis – já que ele mesmo, dentista, era quem controlava o departamento financeiro da empresa. Por mais que ele fizesse isso com a precisão de quem extrai um dente, ele não tinha essa experiência profissional em sua bagagem.

Ao mesmo tempo, meus tios vendiam e faziam papel de vendedores, se misturando com outros vendedores e não existia um organograma da empresa. Nas entrelinhas, tudo parecia bem bagunçado.

Obviamente só fui perceber isso com o passar do tempo, já que eu era apenas um garoto e não entendia ao certo o que se passava na operação daquele negócio familiar, mesmo que pressentisse quando as coisas azedavam – fosse por uma desavença mal curada ou por uma mágoa profissional que era levada para dentro de casa.

Hoje é uma grande tendência, no mercado corporativo, justamente humanizar o processo, e através de pesquisas, todos concordam que o que impacta no resultado é o relacionamento que se dá entre as pessoas.

Muitos que querem fazer as coisas de maneira robotizada se esquecem de que quem executa o processo pensa, tem propósito, valores, sonhos e é capaz de contribuir. Muitos que tentam otimizar processos acabam percebendo que deram um verdadeiro tiro no pé ao lidar com situações de *burn out*, estresse ou insatisfação da equipe. E esse tem sido um assunto recorrente entre empresários que sacrificam a vida pessoal de suas equipes. Um colaborador que não consegue se divertir, ter vida social ativa, participar de atividades que o humanizem e façam bem fora do ambiente de trabalho, está fadado a se tornar um zumbi mecanizado, sem sonhos, sem vida pulsando, sem alegria e entusiasmo, notas essenciais para qualquer profissional poder semear felicidade no trabalho e colher bons resultados.

O segredo é equilibrar e trazer a profissionalização e não deixar o relacionamento familiar interferir na relação profissional.

Muitas empresas familiares acabam quebrando justamente por isso. Quando as relações não são separadas e as discussões profissionais reverberam na vida pessoal – e vice-versa. Já vi tanto casais se separando por conta do negócio, quanto negócios se desfazendo por conta de separações. E, para muitos, é complexo lidar com tipos de relacionamento diferentes.

Por outro lado, empresas corporativas trazem uma competitividade que infla egos, traz sede de poder e não dá espaço para que existam relacionamentos íntegros e autênticos.

Quando percebo os inúmeros fatores que podem compor essa equação, acabo tendo ainda mais certeza de que o segredo do sucesso de qualquer negócio está atrelado à capacidade do líder de se relacionar com o todo.

Sei disso sempre que discordo de alguém que amo e respeitosamente observo seu ponto de vista, para defender o meu logo em seguida. Sei disso sempre que olho para os interesses da empresa, acima dos meus. Sei disso quando paro para ouvir meu filho, que me elucida com seu novo ponto de vista acerca do negócio, trazendo provocações necessárias e críticas construtivas.

Trabalhar em harmonia pode parecer utópico, mas quando se constrói uma relação baseada na confiança e na transparência, qualquer discussão fica irrelevante quando se percebe que todas as tentativas foram feitas na direção de acertar. E nem sempre acertamos.

Ainda bem. Somos humanos.

SEM MEDO DE ERRAR

Muitas vezes, quando converso com o Rafael sobre sucessão, ele levanta a questão sobre as diferenças que detecta entre nós dois. Como ele próprio se define, ele tem o perfil de um profissional que executa bem e não consegue enxergar em si as características de um desbravador, como me define, observando meu histórico.

Mas quem o vê de longe sabe o quanto ele já desbravou. Conheço a fundo sua inteligência e facilidade para lidar com problemas complexos. Desde pequeno ele tirava excelentes notas. Mesmo quando não fazia as lições, conseguia a melhor pontuação, por ter um raciocínio lógico e conseguir concatenar as ideias de maneira mais lúcida. Nesse aspecto, sempre foi parecido com sua mãe, que cursou a GV pública, e passou no curso de Economia na USP. Lembro-me que, desde jovem, ela conseguia absolutamente tudo que queria no que dizia respeito a resultado dentro de exames que exigiam rapidez.

Se, por um lado, é extremamente importante ter um desempenho excepcional nos estudos, noto cada vez mais como as pessoas dotadas dessa capacidade cobram a si mesmas de maneira dura para que não haja erros.

Tanto a Márcia, quanto o Rafael, trazem consigo o medo de errar. Talvez esse fato esteja relacionado à autocobrança no ambiente escolar. E concluo que quem só tira nota 10 em tudo erra pouco na escola e, sem erros, não há frustrações nem o aprendizado relacionado ao erro cometido. Quem não se permite errar, muitas vezes fica aprisionado no medo. É praticamente uma grande aversão ao risco. É como se a possibilidade de algo dar errado trouxesse uma energia contrária, que impede que a coragem de agir se imponha. Isso acontece com frequência entre pessoas que agem racionalmente, já que coragem é o agir com o coração, e o coração não tem razão. Ele é insano, tem reações desmedidas, atitudes contrárias ao que chamamos de segurança e pode nos tirar o chão.

É essa ousadia que perturba quem não consegue se identificar com o erro. Pois o erro deixa evidentes as falhas. E quem procura a perfeição não perdoa falhas. Logo, não perdoaria a si mesmo, caso falhasse.

Como empresário, empreendedor, pai e ser humano, posso afirmar que sou *expert* em erros. E, como estou habituado a eles, minha vida prossegue, mesmo que eu erre. E ter essa consciência de que eu era vulnerável e imperfeito me trouxe segurança para agir.

A segurança na ação, mesmo quando tudo pode desmoronar, é o que move uma empresa, já que todas as escolhas e decisões precisam ser feitas por alguém, e nem sempre elas são feitas pela lógica pura e simples. Muitas vezes são apostas em outras ilusões. É como se apaixonar e resolver apostar naquilo, sem medir as consequências.

Como um eterno apaixonado pelo meu negócio, vejo-me muitas vezes tendo reações desmedidas, trazendo sonhos à tona e criando novos panoramas na tentativa de engajar todos ao meu redor naquele mesmo sonho.

Sonho que se sonha junto parece maior. E o China é a prova viva disso.

Lembro-me de que, da primeira vez que errei, confessei publicamente que havia cometido um grande equívoco – e algumas pessoas me observaram, como se um líder não pudesse confessar suas fraquezas. Talvez a confiança de todos ao meu redor tenha se solidificado após esse episódio, já que sabiam que eu cometeria erros e assumiria esses erros.

Ninguém gosta de errar por errar. As pessoas querem sair acertando tudo, fazendo e realizando, mas nem sempre as apostas estão certas. Nem sempre a intuição é favorável e muitas vezes as coisas saem do nosso controle e percebemos que só saberíamos aquele resultado se tivéssemos corrido aquele risco.

Minha postura sempre foi absolutamente coerente com o que prego – sinceridade e transparência fazem qualquer situação entrar nos eixos, e foi através dos erros cometidos que me adaptei de maneira fantástica ao novo. Eu percebi que, à medida que errava, continuava persistindo, peitando tudo e todos, sem medo de prosseguir.

As pessoas se iludem acreditando que para desbravar um novo mercado ou começar um empreendimento, o indivíduo deve saber tudo. E este é um erro clássico que pode despertar uma frustração quando houver um deslize.

Na minha carreira, houve dezenas de erros. Muitas vezes eram erros que vinham mascarados, como se fossem se tornar grandes acertos, mas depois se mostravam equívocos. Mas jamais deixei de colocar qualquer ideia em prática com medo de que pudesse dar errado.

Lembro-me do dia em que eu e o Sadaki criamos o Gokei, um restaurante que oferecia comida japonesa, chinesa, tailandesa e coreana no modelo por quilo. Inauguramos a primeira loja, convictos de que o modelo seria um sucesso espetacular.

A marca já estava com um planejamento estratégico, pensávamos que expandiríamos e abriríamos franquias com a mesma rapidez com a qual tínhamos conquistado mercado quando inaugurei o China in Box.

Na primeira loja, inaugurada no Shopping Metrô Tatuapé, começamos colocando todas as nossas forças. Havíamos percebido que havia potencial para criar novos conceitos, além das marcas consolidadas e sabíamos que o brasileiro adorava comida oriental. Não havia nada mais alinhado do que nós, os especialistas na área, lançarmos aquele empreendimento.

Era início de 2016, as pesquisas divulgadas pelo IBGE demonstravam o quanto a taxa de desemprego no Brasil havia disparado, e mesmo sabendo que a economia brasileira deveria fechar 2016 com o segundo pior desempenho do mundo, segundo dados do Fundo Monetário Internacional, precisaríamos de coragem para empreender em novas oportunidades onde poderíamos reconstruir e inovar.

Acreditando sempre que o melhor caminho para se realizar algo era manter uma visão sempre otimista daquilo que se quer e se espera, eu apostava na criatividade, gestão, comprometimento, propósito e tinha certeza de que atravessaríamos aquele período turbulento de crise econômica. No entanto, mesmo com tanta ousadia, o negócio não decolou. Nos entreolhamos, lamentando o ocorrido, erguemos a cabeça e prosseguimos. A grande diferença é que, mesmo com nossos erros, jamais perdemos a coragem de tentar novamente.

Ao longo dos anos, desenvolvi a habilidade de perder e continuar intocável, como se aquela perda fosse me trazer um grande aprendizado e o prejuízo financeiro pudesse ser recuperado em outro negócio futuro. Talvez por isso eu acredite que seja tão necessário um determinado perfil para quem queira empreender, já que o líder que não se familiariza com erros e decepções, pode estagnar quando se dá conta de que sua grande aposta era um fracasso.

No entanto, a coragem necessária para encarar desafios talvez tenha sido herdada através da educação que meu pai nos proporcionou. Eu nunca fui brecado quando quebrei a cara. Sempre soube que, apesar das quedas, era necessário que eu me reerguesse sozinho, e a primeira vez que assimilei isso foi quando viajei sozinho para os Estados Unidos e, me vendo sem nenhum dinheiro depois de sofrer um assalto totalmente inesperado, resolvi procurar um emprego para tentar resolver aquela situação na qual me encontrava.

Neste ponto, eu e a Márcia assumimos uma parcela da culpa quando olhamos para nossos filhos, já que muitas vezes não os deixamos errar. Como pais, zelosos e preocupados, sempre tivemos a intenção de tirar os desafios do caminho, para que não precisassem transpô-los. Assim, tentamos resolver o máximo possível de coisas para eles e, desta forma, acabamos podando-os de conquistar muitas coisas por eles próprios.

Tanto o Rafael quanto a Sabrina já tiveram experiências internacionais distintas na juventude, assim como eu.

O Rafa estudou hotelaria e estava decidido, desde que terminara o colegial, que seu objetivo era aprender algo que pudesse contribuir para a continuidade da empresa. Então, quando viu que aquele curso englobava técnicas de administração de empresas e serviços, logo se entusiasmou para cursá-lo. Só que, antes mesmo que ele procurasse a universidade ideal, eu e a Márcia já tínhamos na ponta da língua qual seria o itinerário de nosso filho.

Já havíamos pesquisado a opção para que ele cursasse fora do Brasil, e sentamos juntos para pesquisar e consultar amigos que haviam tomado a mesma decisão. A despedida no aeroporto foi marcante o suficiente para que não esquecêssemos aquele momento. Toda a nossa família e os amigos dele estavam presentes e, por mais que ele parecesse jovem demais para embarcar naquela viagem sozinho por tanto tempo, a ficha só foi cair quando ele entrou no avião. Até esse momento, ele demonstrava toda a frieza e determinação que eu não conseguia ter naquele momento.

Como um bom sagitariano, ele tinha um espírito de aventura, com uma curiosidade nata – e isso facilitava muito que se jogasse de cabeça nas oportunidades. O país escolhido era a Suiça e, talvez por isso, ele precisava frequentar a faculdade diariamente de terno e gravata. Lembro-me do dia em que ele me ligou contando que não sabia dar nó na gravata e da minha preocupação por não ter ensinado aquilo para meu filho.

Sua disciplina foi testada e ele teve um desempenho excepcional. No primeiro semestre teria apenas aulas e, no segundo, apenas estágio. E foi no estágio que ele sentiu o impacto, porque ele nunca havia trabalhado. Nessa época, já morava em Genebra, longe do campus que ficava no interior da Suiça, em Bluchi, e se sentiu sozinho, apesar da movimentação da cidade.

Sua rotina era absolutamente rigorosa – chegava às seis da manhã no hotel e trabalhava até meio dia. Ia para casa e retornava para o turno das seis da tarde. Embora fosse absolutamente responsável com horários, quem acabou pegando um voo até lá para procurar um apartamento onde ele pudesse morar foi a própria Márcia. Aflita para resolver as coisas para nosso filho, ela passou dez dias ajudando-o a encontrar um lugar e se mudar. E, como sempre tomou as rédeas da casa e resolveu os problemas de todos nós. Nem sequer cogitamos a possibilidade de deixá-lo se virar.

Logo que ela voltou, dei-me conta de que poderíamos ter exagerado, num excesso de zelo e preocupação que não iria ajudá-lo. Lembrei-me das vezes em que dormi em aeroportos nos

Estados Unidos e fiquei imaginando como o Rafael iria encontrar uma solução caso a Márcia não tivesse interferido.

Nessa ocasião, percebemos que ainda o víamos como a nossa criança, mesmo que ele já estivesse cursando uma universidade em outro lugar do mundo.

Foi justamente quando começou a trabalhar que o Rafael passou a me enxergar de outra maneira. Até então, mesmo com a noção exata do mercado de trabalho e dos negócios, e apesar de frequentar todas as convenções, ele ainda me admirava apenas como pai, e não como empreendedor. Ter esse *feedback* de meu próprio filho me enchia de propósito. Ele dizia que admirava minha firmeza com a ética e se espelhava em mim quando eu passava credibilidade às pessoas através das minhas falas.

Segundo ele, como havia crescido ao meu lado dentro da loja, tinha adquirido a mesma facilidade de criar conexões com pessoas de níveis diferentes. Essa capacidade de se relacionar bem com as pessoas estimula, eventualmente, se tiver que liderar ou fazer alguma coisa, correr riscos maiores. Apenas quem tem essa habilidade é capaz de explicar a todos o que aconteceu.

Um dia, quando ele ainda era pequeno, foi comigo a uma das lojas e presenciou uma cena que não esquece. Eu havia cometido um erro e dizia: "Escuta, eu tentei, mas foi mal. Não foi do jeito que quisemos".

Lembro-me que, ao lado do meu filho, fiz questão de não entrar na defensiva ou colocar a culpa daquele erro em mais ninguém. E, deste dia, veio uma das lições mais importantes: ao nos assumirmos como seres humanos, percebemos que somos passíveis de erros. E, se erramos, podemos assumir nossos erros. Errar sem medo é a melhor maneira de acertar com coragem.

Disso, não há quem duvide.

E, SE ERRAMOS, PODEMOS ASSUMIR NOSSOS ERROS. ERRAR SEM MEDO É A MELHOR MANEIRA DE ACERTAR COM CORAGEM.

DO BALCÃO PARA OS PALCOS

Desde pequeno eu admirava quando via meu pai cantar. Sua voz vibrante, sua expressão de entrega quando estava dedicado à música e seu envolvimento genuíno com as emoções à medida que entoava canções que faziam as pessoas serem tocadas na alma, eram, de certa forma, uma herança que ele me deixava. Sua família tinha um lado artístico acentuado que os filhos foram herdando. Meu tio tocava numa banda, minha prima passou a ter resultados impressionantes nas exposições mundiais de pintura sumiê e meu primo tornou-se desenhista.

Quando eu tinha oito anos, meu pai fez meu lado artístico despertar, me matriculando numa escola de violão. E a paixão foi certeira. Não havia como negar que eu carregaria aquele *hobby* pelo resto da vida. Minha recordação dessa época é marcada por eventos típicos, nos quais eu o admirava tocando sua gaita, dançando e animando as festas.

Nos três anos seguintes, fiz aulas de violão clássico e foi a partir desse episódio que entrei na música, dando uma pausa quando estudava para o vestibular, mas retomando em Bragança, quando conheci um grupo de amigos estudantes de odontologia que estavam interessados em formar uma banda. O nome da banda da qual eu era integrante era Jimi Dentadura e era com eles que eu me divertia nos finais de semana entre as aulas da faculdade.

Com o passar do tempo, o *hobby* se profissionalizou, a ponto de eu, Márcia e Rafael termos feito aulas juntos e tocado e cantado na mesma banda.

Ao lado da Márcia, eu me satisfazia em praticar todos os *hobbies*.

Ela, com sua presença de espírito e incrível delicadeza na voz, se transforma completamente quando solta a voz no palco, e se faz notar de uma maneira tão especial que frequentemente somos convocados para shows. Para profissionalizar o negócio, contratamos um professor que nos auxiliava. Alguns franqueados e colegas de trabalho que se dedicaram ao mesmo *hobby* e, até os filhos dos meus amigos, estão fazendo aula de música porque acabaram interessados depois de nos assistir tocar.

Para mim, é fascinante quando apresento algo que eu gosto para meus amigos e estas pessoas se engajam naquilo. É comum que eu faça isso, tanto com a música, quanto com os esportes que pratico.

Era dessa maneira que estreitávamos relacionamento quando o Rafael e a Sabrina eram crianças. Como eu adorava jogar tênis, nas horas vagas levava todos para a quadra, e fazíamos o esporte em grupo. Não é à toa que os dois se recordam desse tempo com nostalgia. A diversão sempre fez parte da nossa rotina familiar.

Mas não é só com os filhos que faço isso. Sempre que experimento algo que gosto, faço todo mundo experimentar. Acredito que compartilhar coisas boas e envolver pessoas em situações que tragam alegria é primordial para a vida de qualquer ser humano.

A Sabrina, que hoje mora no Canadá enquanto estuda, é uma das que mais internalizaram essa maneira de compartilhar ideias e novidades.

No Canadá, ela fica antenada em tudo que vê, ávida por me trazer notícias de coisas que possam me interessar. Em uma dessas ocasiões, ela encontrou um food truck de hot japa, uma espécie de cachorro quente adaptado à cultura japonesa e a minha reação foi inevitável: "Sabrina, experimenta", respondi a ela, deixando claro que só podemos dar nossa opinião a respeito de algo quando experimentamos aquilo, com toda nossa vontade, mente, corpo e coração.

No dia que ela disse, decidida, que queria sair do país, fiquei desconcertado. Minha filha, Sabrina, estava com apenas quinze anos. Não era muito cedo para uma experiência internacional?

Lembrei-me daquele pequeno pacotinho que peguei pela primeira vez ao sair da maternidade. A sensação era bem diferente da de quando o Rafael nascera. Eu já não tinha medo da instabilidade, tínhamos uma casa para morar, uma vida sendo construída e a absoluta certeza do que queríamos, ambos trabalhando juntos no China in Box.

A Márcia tinha tanta convicção de que Sabrina ficaria bem, que já trabalhava de casa antes de voltar de licença e, antes de completar quatro meses, nossa caçula já ficava o dia todo no berçário.

Talvez isso tenha contribuído para que ela fosse um tanto precoce em suas decisões. Com treze anos fez sua primeira viagem internacional sozinha, e relutou quando eu disse que iria junto. Sua escola programava um passeio com a turma do ensino fundamental e ela não pestanejou em dizer que minha presença não era necessária.

Para um pai, a tarefa de se fazer desnecessário requer coragem. E por mais que eu sempre os inspirasse a alçarem voos próprios, vê-los diante de suas conquistas – fisicamente longe de mim – não é uma tarefa das mais fáceis.

Se meu estilo de liderar sempre foi atípico, o de me relacionar com meus filhos também fugia um pouco do tradicional, já que sempre os vi como amigos e, por mais que a Márcia insistisse que eu devesse dar certos limites, era através da conversa que eu passava a entendê-los e ter um relacionamento com intimidade e respeito mútuo.

No fundo, no fundo, acabamos acoplando ao nosso estilo de vida, o de uma família que se esmera para ser melhor a cada dia. Sabemos que não somos pais perfeitos, nem tão presentes quanto gostaríamos, mas manter admitindo essas fraquezas, conseguimos sempre conduzir as coisas com a harmonia que uma banda precisa para fazer sua música tocar.

Talvez seja esse o nosso segredo: saber dançar conforme a música, continuar tocando mesmo quando alguém desafinar um instrumento, sem que a canção seja interrompida por um acorde estranho.

Porque, na vida, existem momentos em que desafinamos. E, por isso, é necessário que saibamos qual nosso exato papel em cada contexto, para não deixar a música parar.

Se numa cozinha é necessário o entrosamento para que o prato saia perfeito, num palco, somos dependentes de uma sintonia invisível, que cria momentos de intimidade, que faz com que as palavras não precisem ser ditas e que os olhares trocados promovam uma sinergia absoluta.

Num bom espetáculo, todo mundo se diverte, independentemente do quão afinados estejam os instrumentos.

Na vida, o que importa é experimentar, confiando que pode haver músicas que podem ser tocadas uma única vez, sem que façam parte do repertório.

Mas, se é para tocar – e para viver – que seja por inteiro. Acertando, errando, aprendendo.

Sempre a postos para a próxima música.

Afinal, já dizia o poeta: "O show tem que continuar".

CELEBRAR

UNIVERSO DE POSSIBILIDADES

De uns tempos pra cá, comecei a me dar conta de que eu era humano. Não que eu me achasse dotado de superpoderes, nem mais especial que ninguém. Pelo contrário. Mas comecei a tomar consciência de que a vida aqui é muito passageira. E essa brevidade me assustou e encorajou a viver meus dias de outra maneira.

Quando perdi minha mãe, presenciei o primeiro episódio de finitude. Era uma época em que eu achava que os planos não eram necessários, e, tinha uma vaga ideia do que aconteceria nos anos seguintes. Mas o pouco planejamento que eu tinha foi por água abaixo. Com a morte dela, repentina, fiquei presente para a vida e senti, pela primeira vez, que a vida escapava por entre os dedos.

Essa sensação me acompanhou por algum tempo, e quando o Morais morreu ela voltou ainda mais forte. Eram coisas inexplicáveis que aconteciam e atropelavam nosso caminho, literalmente. Não há nada que atropele nosso caminho de maneira mais desoladora que a morte.

Para quem vai, é o fim. Para quem fica, é a absoluta convicção de que tudo aquilo pelo que lutamos pode ser em vão. Todas as preocupações cessam no momento da morte e são enterradas, junto com os sonhos de quem se vai.

Diante da sepultura de um terceiro amigo que morreu, um cara que eu conhecia desde criança e com quem jogava tênis, foi que a preocupação começou a bater mais forte. Ele descobriu uma doença do dia para a noite e faleceu, sem ter tempo de pensar na cura ou alimentar qualquer esperança por ela.

Sabia que a morte natural poderia acontecer no fim da vida, mas quando lidava com episódios que ceifavam a vida do dia para a noite, entendi, finalmente, que deveria viver cada momento como um presente. E entender que todos os dias são oportunidades dadas para que realizemos algo e vivamos íntegros e felizes nessa breve existência.

Até que, um certo dia, prestes a me esquecer dessa verdade universal, um acidente chocou o país. Um avião não conseguiu frear na pista em Congonhas e explodiu em São Paulo, no meio da cidade. Dentro dele, um grande amigo, que voltava de uma viagem. Certamente, ele tinha sonhos, alimentava o desejo de rever sua família. Mas não pôde completar nada disso.

Fiquei perplexo. Lembro-me que, naquela noite, abracei minha esposa e filhos, sem que eles percebessem, com uma intensidade diferente. No dia seguinte eu estava mais presente. No trabalho, passei a enfrentar os problemas com outro olhar. E a lidar com as coisas de uma maneira mais leve. Se já olhava as pessoas nos olhos, tentando transformar cada minuto em algo melhor, daquele dia em diante tive a certeza de que todos aqueles acontecimentos queriam me dizer algo. A mensagem era clara demais para ser ignorada: esteja presente para o que está presente em sua vida.

Não adiantava me preocupar tanto com o futuro, com as inúmeras pendências. Aquela ansiedade de antecipar acontecimentos, aquela intensa voracidade moderna de fazer dez mil coisas ao mesmo tempo, sem ter tempo para o essencial é uma grande armadilha.

Na mesma época, li o discurso do Steve Jobs, que já estava no fim de sua vida. Ele descobrira que estava doente e falava sobre as coisas que ele achava que tinham valor, mas na verdade não tinham nenhum.

Percebi que todos que tiveram oportunidade de entrar em contato com a morte, ainda em vida, verbalizavam essa ideia de como deveríamos valorizar os momentos. Aqueles que tinham sido vítimas de acidentes fatais não haviam conseguido sequer fazer planos. Certamente morreram pensando nas contas a pagar, no quanto queriam dar aquele abraço não dado, dizer aquela palavra não dita e terminar a conversa interrompida por um assunto aparentemente urgente.

Daquele dia em diante, passei a fazer as coisas de um jeito diferente. Nunca me arrependi de ter feito ou não ter feito algo, mas notei que, se pudesse agir de outra maneira em determinadas ocasiões, teria agido. Teria sido menos preocupado e ansioso. Teria sido mais presente com a família. E, na tentativa de compensar essa ausência, resolvi que, sempre que pudesse, celebraria as conquistas e o fato de estar vivo.

Celebrar é uma das coisas mais bonitas que podemos fazer para abençoar e agradecer pelo fato de estarmos vivos. Celebrar faz parte do ritual da vida. E tem a ver com gratidão. A gratidão por aquele momento. A gratidão por poder fazer parte disso tudo que está ao nosso redor. E, quando celebramos, compartilhamos alegria e nos tornamos aptos a receber mais dessa alegria. É como uma recarga de energia.

Nas festas de fim de ano da Trend Foods, gosto de tocar, cantar e fazer com que todos sintam esse desejo intenso de celebrar as conquistas. Com equilíbrio, bom senso e um desejo intacto de vivenciar o extraordinário.

Sinto-me desafiado, diariamente, a buscar o equilíbrio entre a vida pessoal e o trabalho. Logo que fui impactado pela morte repentina de pessoas queridas, notei o quanto eu e os empreendedores que conhecia estávamos literalmente apaixonados pelos negócios e corríamos um sério risco de não olhar nada além daquilo. É comum, quando começamos a prosperar e ver o negócio crescer, sentirmos um efeito positivo gratificante, que traz uma adrenalina que potencializa as conquistas.

Quando ficamos contentes, começamos a dar foco apenas naquilo. E, por melhor que seja a sensação, a impressão é que aquilo vira um vício. Só vemos alegria naquilo e só sentimos satisfação prosperando, deixando todas as outras coisas de lado.

O que muitos não percebem é que a prosperidade é abundância em todas as formas e que não adianta nada ter um fluxo de dinheiro e não ter a mesma abundância em outras áreas da vida. Os relacionamentos devem ser prósperos, a saúde também e, à medida que entendemos isso, começamos a multiplicar as bênçãos em nossa vida através das celebrações.

O fato de celebrar torna as pequenas coisas maiores, traz reconhecimento para aquilo que somos gratos e, como presidente da empresa, vejo-me na obrigação de mostrar a todos que essa conduta é benéfica em todos os sentidos, já que as pessoas me reconhecem como um líder.

No começo era difícil para mim desempenhar esse papel de destaque, já que é uma responsabilidade grande perceber o quanto as pessoas se espelham em você. Nunca me achei especial. Só me via como um cara de muita sorte. E quando me tornei referência, fiz questão de demonstrar que, fazendo coisas que trouxessem alegria para a vida, aquilo se multiplicava. Os *feedbacks* que tenho em relação a franqueados e colaboradores são muitos. A maioria acaba se identificando com alguns aspectos e se inspirando nas ações positivas para tomarem atitudes no dia a dia, em seu meio, na empresa ou com a família.

E eu sempre digo: "A vida é curta, tem que aproveitar".

Essa premissa permeia meus relacionamentos interpessoais e profissionais, de forma que tento passar a mensagem para que todos entendam que devem curtir os filhos, aproveitar a família e amigos. A vida não se passa nas oito horas que ficamos dentro de uma empresa, mas ela pode ser incrível quando estamos inspirados num trabalho com propósito, ou quando nos relacionamos bem com as pessoas que fazem parte do nosso dia a dia.

Assim como dentro de casa, as relações na empresa são semelhantes à de uma família, já que muitas vezes passamos mais tempo juntos do que cada um com seus familiares. Então, prego que tem que ser legal. Tem que ter entusiasmo. Tem que ter prazer e satisfação no dia a dia. Senão, nada vale a pena.

Ao mesmo tempo, entendo que acabei internalizando essa visão graças aos acontecimentos que impactaram a minha vida. E, como já nasci de um jeito, com minhas características próprias, elas foram potencializadas pelo meio em que vivi.

Quando começo a olhar para a vida e suas inúmeras oportunidades que parecem surgir a cada momento, tenho a impressão de que muita gente não percebe como existem poderes mágicos, em cada ação e atitude, que podem abrir caminhos e fazer com que tenhamos desfechos inusitados sem que possamos controlar nada.

O único controle que temos é sobre as nossas atitudes. Estas sim devem ser movidas por uma força interna positiva e incondicional que traga energias benéficas a todos que nos rodeiam.

Todos temos missões e estamos destinados a cumprir algum papel enquanto vivemos. Acredito que estamos vivendo simultaneamente em várias dimensões que existem, em paralelo: futuro, passado, presente... Esse mistério todo ainda vai ser desvendado. Minha curiosidade pelo que não foi descoberto sempre foi maior que eu. Embora eu nunca tenha sido religioso, via minha mãe ir à missa e acompanhava seus discursos. No entanto, não acreditava que um Deus maior pudesse nos guiar ou ter o poder de fazer com que coisas acontecessem. Para mim, o Deus que existe é aquele que habita dentro de mim.

As pessoas acham engraçado quando digo que acredito em Deus, porque eu digo "graças a Deus". Mas esse Deus sou eu. Graças a mim tudo acontece. Se eu consigo realizar algo bom, é Deus o responsável. Se algo ruim acontece, também foi Deus. Dessa forma, me responsabilizo por todos os meus atos, tragam eles coisas boas ou ruins. E se dizem que Deus está em todo lugar, acredito que ele está realmente. Está onde eu estiver.

Dessa forma, posso dizer que a espiritualidade está presente no meu dia a dia, já que uma pessoa pode ter uma vida espiritualizada mesmo que seja um ateu. Se essa pessoa viver com propósito, se promover a alegria em cada ato, se tentar impulsionar as pessoas a serem melhores ou fazer, em qualquer ambiente, que seja transformado, tentando estimular as pessoas a serem melhores e evoluírem em todos os níveis, estará praticando a espiritualidade, sem necessariamente estar ligadas a uma religião ou a qualquer crença específica.

Isso pode ser feito em qualquer ambiente. Com parentes, amigos e principalmente desconhecidos. E se engana quem pensa que essa mudança é promovida através da palavra. Ela é promovida por atos. Não são apenas atos promovidos por grandes eventos. São atos cotidianos, que se repetem por hábito, e não podem ser mudados.

A vida é rara. E a vida deve ser vivida sem representações. Essa é a magnitude. É por isso que devemos nos esmerar a levantar todos os dias e trazer nosso melhor à tona.

Mesmo que as coisas não andem bem, a movimentação em torno da celebração pode despertar um novo olhar acerca da beleza da vida.

Afinal, o que fica são as memórias das nossas realizações, as palavras das pessoas que conviveram conosco e testemunharam ou não nossa integridade, e dirão, quando estivermos a sete palmos abaixo da Terra, o quanto fomos importantes em suas vidas.

Como dizia meu pai, o velho e bom Jorge, com sua serenidade que lhe é peculiar, do alto de seus oitenta e um anos: "Nos formamos na faculdade da vida". Essa sim nos ensina, dia após dia.

E, se existe algo que a faz mais valiosa, esse algo é termos a perspectiva de que podemos morrer a qualquer momento. Essa talvez seja a única certeza. E quando isso acontecer, seja qual for sua posição ou profissão, você vai para o mesmo lugar.

Então, cultive o que é valioso de verdade.

Vencer é bom. Ganhar dinheiro é viciante. Mas os maiores tesouros da vida não podem ser comprados.

Pense nisso.

ABRINDO A GUARDA

Tenho presenciado um fenômeno na minha geração que prega que as pessoas de sucesso devem se proteger. Não estou falando da proteção física, que já é comum nos carros blindados e prédios repletos de seguranças. Estou me referindo à proteção psíquica e emocional que muitos alegam ser necessária para que o mental do empreendedor não seja afetado e contaminado pelas notícias negativas.

Sempre fui adepto da ideia de que, quando temos algo em mente, atraímos aquilo para nós. E construímos nossas crenças através de valores, que são sempre alinhados com aquilo que sonhamos e queremos para nossas vidas. Sendo assim, jamais fui contaminado pela praga das notícias ruins que estão presentes nos noticiários. Ao contrário de muitos ícones, sou aficionado por telejornais e consumo programas de televisão mais do que o necessário. E jamais deixei que minhas opiniões fossem pautadas por eles.

Quando estou diante de um programa de TV que provoca certas emoções, sou capaz de sentir raiva ou ficar triste, dependendo do tipo de notícia. Mas também gosto de assistir às histórias inspiradoras e ficar contente com elas.

Acredito, de fato, que um noticiário com notícias desastrosas a respeito de crise econômica e política possa desestabilizar muita gente, minando a confiança de empreendedores que não se sintam seguros quando são impactados por tais informações.

Mas, como vim de um cenário absolutamente devastador e consegui empreender mesmo num ano de *impeachment* com a inflação a 100% ao mês, sinto-me um privilegiado, por saber que já vivi e prosperei no pior cenário possível. Então, por pior que seja a situação, sei que ela pode ser revertida através do trabalho.

Quando comecei a empreender, via coisas piores que agora e pessoas desesperadas e desmotivadas com tudo aquilo. Era uma bola de neve que crescia e deixava todo mundo apavorado.

Hoje, quando sento com amigos e franqueados que ficam assustados com a crise, sou pragmático em responder que quando temos bons valores e propósito de vida, somos comprometidos, o mundo pode estar desabando que podemos prosperar. Isso acontece porque quando estamos engajados num propósito e alimentamos aquele sonho, acabamos atraindo pessoas que pensam como nós e trazem os mesmos valores. E, através de propósito e comprometimento, podemos mudar um panorama negativo, trazendo aspectos positivos que iluminam as sombras.

Sempre que digo que devemos trabalhar a nós mesmos para que possamos atrair pessoas com os mesmos valores, sendo referência, muitos se chocam com minhas afirmações.

Afinal, como o otimismo pode impactar nos negócios?

Quem já viveu em épocas de grandes recessões sabe bem do que estou falando. Temos, o tempo todo, a escolha em nossas mãos, e somos responsáveis pelos resultados que atingimos. Sejam eles bons ou ruins. Se a equipe está inteiramente engajada no sucesso e não abre portas e brechas para pensar na possibilidade de dar errado, as chances de que a energia fique mais forte, e todos prosperem é maior.

Eu tenho certeza que 95% dos brasileiros é do bem. São pessoas com bons valores, bons propósitos, são comprometidos e só precisam de uma chance. Pode ser empreendendo, trabalhando, crescendo com a empresa. E, se essa chance não é dada, ela pode ser construída. Muitos exemplos de superação e boa conduta nasceram em locais onde não parecia haver a menor possibilidade de sucesso.

Se é para se inspirar, que seja em histórias positivas. E elas não são poucas.

Raramente presencio amigos reclamando perto de mim, mas quando isso acontece, não me afasto. Sei que posso reverter o quadro. Quando vejo uma pessoa extremamente negativa verbalizando sua insatisfação com o mundo, tento conversar, inicialmente perguntando: "Me explica o que aconteceu?"

Nesse momento, quando a pessoa conta o que a deixa triste, amargurada ou preocupada, tento olhar sob outro prisma: "Já experimentou olhar por um outro ponto de vista?", pergunto, sem muita pretensão inicial. Apenas para tentar trazer luz aos acontecimentos mais nublados.

Desta forma, tento extrair o melhor das situações, e faço com que surjam reflexões.

"Se você insistir nisso, vai acontecer. Quer que aconteça mesmo?", disse, certa vez, para um amigo que choramingava sobre a perspectiva ruim das coisas, sem agradecer o tanto que tinha em mãos.

Sua percepção dos fatos era absolutamente deturpada. Tinha excelentes oportunidades que poderiam surgir se acreditasse e trabalhasse nelas. No entanto, não via as possibilidades porque estava amarrado às crenças negativas que tinham se infiltrado em sua mente como um trovão, destruindo sua esperança de prosperar.

Naquele dia, falamos um bocado sobre como as palavras têm poder de emanar energias e de fazer com que bênçãos e desgraças surjam em nossas vidas. É através delas que começam a se instalar as crenças que podem nos aprisionar ou libertar, dependendo de como lidamos ou se acreditamos naquilo.

Tenho um amigo que vivia se desentendendo com o pai, bem-sucedido, e ambos não conseguiam conviver. Como pai, eu conseguia enxergar o outro lado. E esse olhar de empatia fez com que esse amigo passasse a enxergar outras coisas para as quais ainda não tinha ficado atento.

Através destas conversas tentava transmitir mensagens positivas e percebia que isso fez com que ele recuperasse sua autoestima.

Muitos me perguntam se isso dá certo. Eu acredito que sim. Mesmo que saiba que motivação não pode vir de fora, ela precisa brotar de dentro, quando fazemos o papel daquela pessoa que tenta abrir os olhos da outra acerca de algo, é como bater um martelinho para ver se aquela casca se quebra. E essa casca é a barreira que a própria pessoa colocou. Essa blindagem desnecessária contra a vida e contra as pessoas, que vem como uma forma de proteção, pode ser quebrada. E a partir do momento que dou algumas mensagens, essa casca se quebra e as inspirações positivas passam a entrar.

Claro que, do outro lado, muitos tentam fazer justamente o contrário – levar coisas ruins, falando sobre coisas ruins. Mas quando nos propomos a fazer a transformação trazendo o lado positivo à tona, descobrimos que podemos transformar não apenas a nós mesmos, como todas as outras pessoas que estão ao nosso redor.

No dia que tive essa conversa com meu amigo, expliquei a ele que o dia que ele perceber que a felicidade está em suas mãos, vai ter uma grande surpresa. "Se prepara porque é uma dose de adrenalina que você pode até morrer do coração", brinquei.

Acredito que todos podem ser agentes de transformação dentro do pequeno núcleo onde se encontram. Isso pode acontecer através de situações de encontro.

Momentos de encontro são oportunidades de trocarmos experiências, tanto de negócios como de vida. E existe uma frase que me mobiliza sempre que estou diante de qualquer pessoa: "Qualquer momento de encontro é oportunidade para transformar."

Percebi isso à medida que fui ganhando experiência e sabedoria. As pessoas têm a ilusão de que quanto mais se passa o tempo, mais difícil fica aprender com outras pessoas menos experientes. E a minha experiência diz justamente o contrário: é com jovens que aprendo diariamente. É com pessoas, que encontro na rua, que converso sem grandes expectativas. É em momentos de encontro que evoluo como ser humano.

Sou atuante da Endeavor há algum tempo, e na Junior Achievement me vi com uma energia diferente enquanto dava uma palestra para centenas de jovens. Era como se minha bateria se recarregasse imediatamente com a troca. E os jovens tinham, no máximo, dezessete anos.

O brilho dos olhos de cada um me deixava apaixonado e eu percebia que a vontade que tinham em criar um produto, montar uma empresa, era tão grande que me emocionava.

No dia da palestra, eles fariam uma final de uma competição onde cada equipe havia feito um projeto. Seria julgado quem trabalhasse com mais afinco, o melhor marketing, o projeto com uma inclusão social poderosa e o mais rentável.

Conforme eu contava minha história, percebia a felicidade de cada um na plateia. Naquele dia, entendi que se tivéssemos aquela energia a vida toda, nos negócios, com alegria, formando times que torcem uns pelos outros, seríamos imbatíveis. E comecei a refletir por que não temos essa energia. Talvez à medida que vamos envelhecendo, vamos perdendo, paramos de compartilhar com os outros. A chave do sucesso e da prosperidade parece ser essa: compartilhar.

Enquanto compartilho minha experiência, seja através de palestras ou escrevendo esse livro, me reabasteço. Mas muitas pessoas não buscam essa oportunidade. Eu fui convidado a isso e notei imediatamente como as coisas mudaram para mim. Na palestra que dei no Day 1, as coisas mudaram da água para o vinho. Comecei a ser reconhecido pelo que fazia, a interagir mais através da pessoa e não apenas da marca.

Aí, percebi o quanto compartilhar é importante porque quando compartilhamos, damos a oportunidade de que mais pessoas tenham. Esse é o verdadeiro ciclo virtuoso. O ato de compartilhar conhecimento.

Vejo que essa é realmente a minha causa: compartilhar conhecimento para que as pessoas prosperem. É muito importante poder fazer isso. Quando compartilho, dou a oportunidade de gerar conhecimento, permitir *insights* e quebrar a casca de quem está pronto para começar. Quando compartilho, recebo um *feedback* positivo, ganho munição para continuar e mais segurança para seguir em frente.

Em alguns lugares, onde palestro, percebo que, como tenho o dom de compartilhar de uma maneira simples, acabo desmistificando um pouco do empreendedorismo. Muitos acreditam que, para prosperar, a pessoa precisa ser estudada, pensar metodicamente, e eu penso diferente. Dessa maneira, as pessoas acabam entendendo que realizar sonhos é algo mais acessível, que depende das condições que criamos e todos os seres humanos, quaisquer sejam as condições em que se encontrem, podem ter uma ideia e fazer ela sair do papel.

Trata-se de uma habilidade humana.

De fato, quando somos jovens acabamos acreditando mais na nossa capacidade de prosperar. E ficamos abertos às mudanças. Não nos sentimos intimidados pelas condições políticas nem econômicas e sabemos que nunca existirá condição ideal para se começar algo.

Talvez meu excesso de confiança possa ser confundido com irresponsabilidade. Ou talvez ele seja apenas a prova de que é possível dar certo.

SER

O QUE INSPIRA DE VERDADE

No dia que encontrei uma motivação interna para escrever este livro, uma série de sincronicidades me possibilitaram que isso acontecesse. Não era um sonho escrever um *best seller*, ou ser um mentor de um indivíduo que está começando nos negócios, mas muita gente dizia que eu deveria compartilhar meu conhecimento e o que fazia com que meus negócios crescessem exponencialmente.

Na primeira página que escrevi, não sabia se poderia estar contribuindo para alguém. Lia e relia, pensando nos tantos livros técnicos que havia à disposição das pessoas no mercado de livros. E o meu trazia basicamente as minhas experiências de vida e meu jeito de pensar. Eu não ensinava a planejar, nem fazer coisas mirabolantes. Simplesmente tentava, o mais autenticamente possível, descrever minha maneira de ser e pensar, para que as pessoas pudessem entender o que eu acreditava que efetivamente fazia diferença dentro de um negócio.

Foi curioso perceber que, à medida que as pessoas começavam a saber que eu estava escrevendo um livro, ficavam ansiosas pelo resultado. Mas poucos sabiam que eu traria justamente a minha vulnerabilidade à tona – e mostraria todas as vezes que falhei, que caí, todos os deslizes, enganos, equívocos, que me transformaram na pessoa que sou hoje.

Meu crescimento não mudou a minha maneira de ser, e acredito que esta seja uma das maiores conquistas. Um dos maiores tesouros que eu poderia ter conquistado. Desde pequeno enxergava meu pai como uma referência, e o que mais fazia-me orgulhar dele era a maneira como se relacionava com as pessoas, sem distinção de raça, cor, gênero ou classe social. Ele era exatamente a mesma pessoa inspiradora, estivesse onde fosse. Aquela maneira de tratar os indivíduos que estavam ao seu redor me inspirava respeito. Eu sentia que era o caminho que deixaria sementes espalhadas para que pudessem florescer. Sabia que, através do meu exemplo, das minhas atitudes, inspiraria mais que com palavras.

Talvez, por isso, eu tenha relutado para escrever o livro. Não o escreveria se não colocasse minha alma, minha maneira de enxergar o mundo, mais do que os passos que fizeram com que eu chegasse onde cheguei.

Embora eu me considere um cara de sorte e não veja nada de especial na minha conduta, talvez o meu jeito de encarar a vida tenha, de fato, um diferencial.

Me lembro que quando estava certa vez sendo entrevistado pelo amigo Sandro Magaldi, do Meu Sucesso.com, uma plataforma de empreendedorismo criada pelo grande Flávio Augusto, ele mencionou que talvez o meu jogo de cintura para saber a hora certa de arriscar ou desacelerar tenha feito grande diferença no jogo.

E eu revisitei, mentalmente, trechos estratégicos da minha trajetória.

Eu sou, por natureza, um cara que gosta de correr riscos calculados. Hoje, por exemplo, enquanto escrevo este livro, no final do ano de 2016, enfrentando um impeachment presidencial pela segunda vez na história do China in Box, sei que, em época de crise, não posso criar um plano de expansão agressivo. E refletir faz parte do negócio. É como um jogo de xadrez onde temos que entender o que cada jogada trará como consequência.

Essa reflexão é sadia e faz parte da minha maneira de pensar, simplesmente porque não daria um grande passo sabendo que esse passo que, teoricamente, poderia me favorecer naquele momento, prejudicaria outra pessoa.

É comum que muitos pensem de uma maneira agressiva, deixando que outros se arrisquem para que eles próprios tenham lucros, mas eu bem sei como pode ser fatal, para alguém que guardou um dinheiro a vida toda, investir todo aquele montante numa franquia.

Como presidente do China in Box e líder de uma operação, sou sincero quando um novo franqueado se dispõe a começar o negócio num momento de crise extrema. Converso e explico que existem oportunidades melhores para se começar e que, para que aquela loja prospere, ele precisa de um tempo para investir, já que precisará aportar dinheiro no negócio durante um determinado período até que gere lucro.

Essa conversa geralmente é franca e o possível parceiro de negócios fica surpreso com a minha posição. Não tento convencê-lo de adquirir a loja, e sim a pensar se é capaz de mantê-la.

Num momento como o que vivemos atualmente, ele tem que ter um capital de giro maior do que pode suportar, já que vivemos um período de incerteza e instabilidade política e econômica. O dólar sobe e baixa, a inflação está instável, não sabemos como a economia irá se comportar daqui para frente e torna-se necessário observar todos os fatores de risco. Frear quando é preciso frear. Acelerar quando for possível acelerar.

Mesmo comprometido com o crescimento do meu negócio, tenho que ter a humildade para saber que não tenho todas as respostas perante todos os desafios. Principalmente quando os desafios são novos e eu nunca os encontrei.

Dentro da minha cartilha, o colaborador deve se esmerar em falar a verdade. Falar o que sabe e, quando não souber, contar que vai buscar aquela resposta com quem possa obtê-la com precisão.

Mas, na vida, nem sempre temos a resposta. Essa imprevisibilidade também deve ser comunicada, já que mesmo quando todos os fatores forem possíveis de serem mensurados, existem aqueles fatores que ninguém consegue mensurar.

E talvez esses sejam os mais importantes.

Você não consegue mensurar o nível de energia com que o indivíduo entrou em cena. Nem se o entusiasmo dele é capaz de se manter em nível elevado, quando enfrentar problemas no dia a dia. Não consegue dizer se ele terá facilidade de engajar os funcionários para que todos estejam felizes e comprometidos a fazerem seu melhor, ou se trará uma vitamina para o negócio que faz todo mundo acordar dia após dia com vontade de trabalhar. Não sabemos se esse indivíduo vai ter fé e esperança mesmo quando o cenário for negativo, e se ele vai acreditar na prosperidade enquanto todos estiverem caindo. Não sabemos definir o quanto ele vai se sentir perturbado com as críticas e o quanto elas afetarão sua performance, nem se ele vai conseguir manter a estabilidade emocional, mesmo que venha uma grande derrocada.

A inteligência emocional é necessária a todo momento. Por isso, nesse universo de probabilidades, onde tantos fatores podem fazer a diferença, não existe uma resposta definitiva. Existem várias respostas e vários caminhos, dependendo de cada ação.

Cada ser humano, com suas particularidades, pode estar diante do mesmo negócio, e fazer com que ele prospere ou que fracasse. E dependendo do momento da vida, o mesmo ser humano pode agir de maneiras diferentes.

É curioso que quando me perguntam se acredito que meu crescimento teria sido mais rápido se eu tivesse uma visão mais clara antes, eu respondo que não. Simplesmente porque acredito que aquele Shiba lá do passado não estaria maduro para assimilar e absorver esse conhecimento.

Acredito que o conhecimento só pode ser integrado ao nosso dia a dia quando estamos convictos dele. E só podemos estar convictos de algo quando colocamos aquilo em prática. Portanto, eu jamais teria a convicção para afirmar, no passado, tudo aquilo que reafirmei nestas páginas, se não tivesse testado todas as teorias.

No esporte, por exemplo, pratica-se o mesmo golpe até que ele se torne automático. É impossível ser um bom técnico se não se conhece e não se aplicou aquele mesmo golpe inúmeras vezes. Da mesma maneira, é difícil transmitir conhecimento se só tivermos o conhecimento superficial.

Sendo assim, se eu tivesse acelerado, teria tido mais dificuldades, por desconhecer o processo na prática.

Hoje sei que, no momento atual, não estou preparado para uma expansão tão acelerada. No passado, depois da entrada do fundo de investimento, que aportou capital para expansão, já fizemos uma expansão maior que suportávamos.

O Brasil de hoje talvez não esteja preparado para esse crescimento. E talvez só volte a retomá-lo em 2018. Mesmo assim, prevejo uma dificuldade em infraestrutura, no sentido puro da palavra. Energia, rodovia, portos, gás, água. E, principalmente, capital humano.

O maior apagão que já tivemos, inclusive, foi de capital humano. Na época não tinha mão de obra preparada para atender o volume de negócios que estavam sendo montados e inaugurados.

E, mesmo diante de tantas dificuldades e cenários aparentemente difíceis, eu acredito no Brasil, e acredito que esse é o país das oportunidades, e o país do futuro. Ainda mais com um território tão miscigenado, sem conflitos religiosos, sem desastres climáticos, com recursos naturais, pessoas honestas que semeiam fé e esperança, mesmo com políticos corruptos.

O mundo inteiro olha para o Brasil para investir porque não existem outros lugares no mundo para se investir. E, se olharmos com atenção, veremos que corrupção existe no mundo todo. E envergonha a todos da mesma maneira. Por isso acredito que a mudança seja feita de pequenas atitudes. Se mudarmos, inspiramos as outras pessoas a serem melhores, e quando se é, mesmo que se esteja numa situação onde o poder possa levá-lo a corromper-se e entrar em esquemas nebulosos, a consciência e as virtudes falam mais alto.

E sempre devemos ter em mente que é mais difícil manter do que conquistar qualquer coisa.

A conquista é sempre um passo que requer entusiasmo e ousadia, mas manter requer disciplina, requer uma sede constante de vitória.

Quantas empresas brasileiras tem mais que vinte e cinco anos?

Por isso me orgulho do que construí com a minha família. Orgulho-me principalmente de estar rodeado de pessoas que conseguiram manter nosso sonho vivo e real. Que conseguiram despertar em mim esse Shiba que eu muitas vezes não sabia que poderia estar vivo ali dentro.

Muitos empresários acabam se apegando ao sucesso e se frustram quando não conseguem que algo dê certo. Muitos se veem desestabilizados e acham que jamais conseguirão se reerguer novamente. Poucos percebem que as oportunidades nascem com a luz do dia.

Outro dia, numa conversa com amigos, estávamos conversando sobre a quantidade de músicos que pararam no auge da carreira, simplesmente com medo de produzir algo que fizesse tanto sucesso quanto o que já haviam feito.

Essa miopia os impede de enxergar que o negócio deles pode ser a música, mas o estratégico é fazer as pessoas felizes. Tem que ser apegado em fazer a diferença, em tocar o coração das pessoas, e não em vender discos.

Da mesma forma, tem gente que vai gostar, e tem gente que não vai gostar.

Pude perceber isso quando fui convidado a participar de um programa de televisão e passei a ler as críticas das pessoas. Havia uns que criticavam superficialmente e era divertido constatar que aquelas pessoas supunham coisas baseadas na percepção que tinham do programa, sem sequer saber da minha carreira.

Alguns, mais vaidosos, podem ficar apegados às críticas, e com medo de avançar. Mas eu ficaria mais abalado, caso recebesse uma crítica de um franqueado. Aí sim seria uma avaliação da minha conduta como profissional.

No fundo, qualquer tipo de sofrimento é desencadeado quando insistimos em agir como máquinas, praticar violência contra os outros, fustigar-nos com lembranças do passado e ilusões do futuro, sem nos dar conta de que devemos viver o aqui e o agora. Sem nos dar conta de que, se estivermos presentes no momento presente, vivemos a verdadeira realidade. E então, nenhuma crítica, possibilidade negativa ou previsão pode nos abalar.

A vida nos fornece informações constantemente, mas chegamos ao nosso ápice quando superamos nossas próprias barreiras de nossa mente e adquirimos consciência de quem somos. Sem correr de um lado para o outro buscando ser quem não se é.

Trata-se de viver a experiência onde se estiver.

A PRÁTICA DA ABUNDÂNCIA

Desde pequeno me lembro que fui acostumado a lidar com dinheiro. Fosse trocando na venda da esquina para meus pais, fosse observando a negociação dos comerciantes da loja de construção.

O fato é que cresci estabelecendo uma relação saudável com o dinheiro. Sabia que ele era uma energia. E que essa energia deveria circular positivamente como uma troca sadia.

Quando comecei meu negócio, tinha muita facilidade para vender minhas ideias. E todos as compravam. Com entusiasmo, falava sobre aquilo em que acreditava, e engajava as pessoas nos meus sonhos. Isso, para alguns, era uma habilidade. Para outros, eu era um "bom vendedor".

Afinal, o que é ser um bom vendedor?

Muita gente tem vergonha de vender. Vejo pessoas extremamente habilidosas, que executam trabalhos primorosos, mas não sabem cobrar por eles. Ou negociar seu valor, de forma justa. Outros se esquivam quando o assunto é dinheiro. Sentem que negociar os expõe e acreditam que falar sobre dinheiro é a mesma coisa que ser mesquinho e só pensar em dinheiro.

Num país como o Brasil, em que a maioria das pessoas é adepta a uma religião, podemos perceber essa dificuldade nas entranhas. Então, como fazer para lidar com o dinheiro de uma forma espontânea, sem essa crise?

Minha teoria é que o católico, por exemplo, foi catequizado a pregar o voto de pobreza. Acredita que os ricos não entrarão no Reino dos Céus, e interpretando a Bíblia da maneira que a Igreja impõe que seja interpretada, acaba sentindo-se "sujo" e "errado", colocando valores negativos em relação ao dinheiro.

Evidentemente, se a pessoa se sente culpada ou errada ao receber dinheiro, ela jamais conseguirá negociar coisa alguma. Simplesmente pelo fato de que ela acaba bloqueando a si mesma.

A disseminação dessa cultura da pobreza é tão grande que muitos sentem vergonha de dizer que estão prosperando. Como se estivessem cometendo um pecado pelo qual certamente pagarão.

Lembro-me das primeiras vezes que visitei os Estados Unidos, já como empreendedor. Nas rodas de conversa, nos clubes de tênis que eu frequentava, a primeira coisa que se fala quando se conhece alguém é com o que trabalha e quanto a empresa fatura.

A espontaneidade, clareza e objetividade são tão grandes nesse sentido que da primeira vez fiquei surpreso, mas gostei de participar de conversas sem meias verdades. Ali era tudo preto no branco.

Minha relação com o dinheiro sempre foi muito boa. Vejo como premissa básica que a pessoa esteja feliz, curtindo a vida que o dinheiro pode proporcionar, afinal, se ele tem alguma função nessa vida, é a de realizar sonhos.

Então, no dia que estava diante da internet, vendo um rapaz falando sobre seu livro, envergonhado para pedir que as pessoas o comprassem, fiquei refletindo no quanto a relação que temos com o dinheiro impacta nas nossas negociações.

É impossível que consigamos vender algo se não temos uma boa relação com o dinheiro. E, mais impossível ainda, se não acreditamos naquilo que vendemos.

Costumo dizer que eu só consigo vender aquilo que compraria. Jamais seria capaz de vender algo em que não acredito. E talvez por isso tenha tido facilidade em vender franquias de uma loja. Eu sabia que estas lojas seriam fonte de lucro e prosperidade para quem estava disposto a arriscar. E quando os riscos são calculados, e existe fé e entusiasmo envolvidos, o sucesso é garantido.

Já vi muitos franqueados montando lojas sem sequer se relacionarem com a comida que vendem. E acho um completo absurdo. Quando vendemos algo, acreditamos que aquilo é bom, e passamos uma energia naquela convicção, mas quando vendemos algo em que não acreditamos ou achamos ruim, é difícil ver alguém comprar.

Hoje insisto que todos os colaboradores das lojas experimentem aquilo que vendem. É vital que gostem e apreciem. Se não gostam, começa a dificuldade. Com o Gendai percebi um crescimento de colaboradores que jamais haviam sequer experimentado peixe cru. E ficava estarrecido com aquela informação. Como eles seriam capazes de descrever o produto? Como seriam capazes de oferecer algo que jamais tinham provado? Como seriam capazes de falar sobre o sabor, a textura, e falar que é imperdível?

Talvez a premissa seja essa – venda aquilo que você acredita.

O fato de eu só vender o que acredito faz toda a diferença, mas existe outra condição para que o dinheiro chegue mais fácil nas mãos de uns do que de outros – a despreocupação.

Claro que com a conta negativa no banco, poucos ficam despreocupados. Mas quando nos conectamos com a energia da escassez, focamos no medo de perder, no medo de gastar, e a preocupação impede que tenhamos ideias que possam nos tirar do buraco. Literalmente ficamos empacados com medo de perder, sem conseguir sequer simular a sensação de vitória.

Dinheiro não deixa de ser uma energia em circulação abundante.

A pessoa que dá muita atenção ao dinheiro, ou cujo objetivo é o dinheiro, pode ser que, enquanto estiver atuando, consiga adquirir, por ser uma habilidade natural, mas a partir do momento que a pessoa para, a energia para de circular, e a pessoa para de conseguir. Não se torna uma referência e aquilo não se perpetua. Em algum momento o ciclo se quebra, a não ser que ele vire banqueiro.

Se o produto não for o dinheiro, e em algum momento o ciclo se romper, e deixar de ser virtuoso, começa a ser vicioso, e aí a pessoa não compartilha mais, passando a se concentrar apenas na riqueza.

E então, o que parecia impossível, acontece: o dinheiro acaba.

Quem não compartilha, faz com que ele fique estagnado, assim como acontece com a água parada. Por isso minha filosofia de vida sempre foi de prosperar, sendo quem eu sou, mas sem esquecer de quem estava ao meu redor.

E, falando de dinheiro, resolvemos questões inconscientes relacionadas a ele. Falamos de medo, de insegurança em não ter para questões básicas.

Hoje percebo um movimento grandioso relacionado à prosperidade no que diz respeito à economia colaborativa. São trocas significativas, onde a matéria de troca não é dinheiro. Muitos trocam conhecimento, outros mão de obra. E, desta forma, uma parcela conectada da população entende que o dinheiro está aí para ser fruto de boas ações, e gerar mais frutos. Não para ser acumulado.

A razão da abundância está justamente na felicidade. Na alegria de ver os familiares felizes. Na saúde. Porque o que não se compra, no final das coisas, é o maior tesouro.

Pode parecer contraditório, mas apesar de gostar muito do dinheiro, ele nunca foi meu senhor.

E, se um dia eu passar a ser movido por ele, nada do que faço terá propósito algum.

Como diria Lao Tsé, o fundador do taoísmo: "Quando você percebe que nada lhe falta, o mundo inteiro lhe pertence".

UBUNTU

Um antropólogo estava estudando usos e costumes de uma tribo africana e propôs uma brincadeira para as crianças da região. Ele colocaria uma cesta de doces e promoveria uma corrida. A criança que chegasse em primeiro lugar ficaria com todos os doces. As crianças se alinharam para correr e quando estavam prontas ele disse "já". Foi quando ele teve a grande surpresa: todas elas deram as mãos, correram juntas até a árvore. Feito isso, comeram juntas.

Enquanto ele ficava lá, estarrecido com a cena que acabara de presenciar, um deles dizia:

"Ubuntu, tio".

Ele não entendeu de imediato, mas logo depois assimilou aquilo.

"Como um de nós poderia ficar feliz, se todos os outros ficassem tristes?"

Logo na primeira vez que ouvi essa história, fiquei emocionado. Ubuntu era uma palavra que representava uma antiga ética e filosofia africana que dizia: "Sou quem sou porque somos todos nós".

Aquilo me tocou profundamente.

Sem que eu percebesse, esse era o espírito que se instalara no China in Box e posteriormente na Trend Foods. Desde sempre, estávamos todos conectados, unidos pelos mesmos valores, e obcecados pela ideia de fazer sempre o outro prosperar, pois sabíamos que quando isso acontecia, todos ficaríamos felizes.

Uma pessoa que carrega esse código de ética, assim como essa tribo africana, tem consciência de que é afetada sempre que seu semelhante é afetado. E isso torna o respeito e a empatia fundamental em todas as relações, já que não existe relação de troca consciente e generosa quando pensamos só em nós.

No último Natal, quando minha filha estava hospedada na casa de pessoas que generosamente abriram as portas para que ela morasse ali durante alguns meses, no Canadá, resolvemos celebrar todos juntos, em Orlando, porque entendíamos que, se ela se tornara parte daquela família, era justo que todos compartilhassem um momento de celebração. Então, convidá-los para estarem conosco fazia parte de um processo natural de acontecimentos.

Quando enxergamos a vida sob essa premissa básica, conseguimos nos colocar à disposição da vida, para facilitar e encantar a vida do outro, levando o melhor de nós.

Coletivamente, tudo prospera em maior escala quando estamos conectados com os anseios dos demais. A velha história de quem quer chegar antes, fica sozinho com os doces e perde o tesouro maior – que é compartilhar aquela alegria da chegada com os demais.

Essa noção de coletividade sempre foi celebrada dentro de uma empresa de franquias. E quando internalizamos esse conceito de pluralidade, acabamos nos tornando indivíduos dotados de compaixão pelo próximo.

Não podemos ser felizes sozinhos, e a maioria das coisas que nos move é feita em parceria, ou em grupo. Portanto, cultivar a felicidade nas relações é primordial para que os objetivos sejam atingidos. Napoleon Hill falava sobre a "mente mestra", que é a união de duas ou mais pessoas com um objetivo ou propósito em comum. Segundo ele, quando existe essa união, é praticamente impossível deter uma ação conjunta.

Eu acredito plenamente que, quando somos dedicados aos outros, nos tornamos responsáveis não apenas por aquilo que provocamos nos outros, como o que deixamos de promover. Podemos nos esforçar para não machucar ou prejudicar, mas será que isso é tão eficaz quanto um esforço intenso de promover alguma mudança ou transformação positiva?

Talvez quando todos tomarem consciência de que cada atitude, por mais simples que possa parecer, pode afetar o outro, e que quando o outro é afetado, naturalmente somos afetados, possamos nos conectar realmente com a dor, as necessidades e a felicidade de quem está ao nosso redor.

E se todos os dias temos o poder de abrir portas para possibilidades, devemos escolher como vamos nos aproximar de cada momento.

Não importa o quão grande ou pequeno seja o grupo, só se conquistam grandes coisas focando nas pequenas.

Uma de cada vez. São elas que trazem importância e significado para o dia a dia.

Podemos escolher o tempo todo. Viver uma vida intensamente ou passar dias atribulados e contaminados com reclamações.

Para quem quer ter uma vida inspiradora, eu aviso: ela começa no momento que você decide que quer tê-la.

E se esse momento for agora, vou ser grato se você fechar este livro e transformar alguma coisa. Porque a escolha é sua. Sempre.

"SOU QUEM SOU PORQUE SOMOS TODOS NÓS".

FONTES
Tiempos e Gotham Rounded